Der moderne Templerorden
OSMTH

AF289193

OSMTH – Eine bei den Vereinten Nationen (UNO) anerkannte nicht staatliche Hilfsorganisation (NGO) mit besonderem Beraterstatus in sozialen und ökonomischen Fragen und Sitzen in Wien, Genf und New York. Mitglied im internationalen Friedensbüro, Genf. Registriert in der Schweiz unter CH 660197299-4

Gerd G. Schwager

Der moderne Templerorden
OSMTH

Mit Beiträgen von
(Autoren und Übersetzer)

Elke Bruns
Joe Labonde
Erika Müller
Gerd G. Schwager
Dr. Dr. Joachim Seeger
Ralf Zander

Bibliographische Information Der Deutschen Bibliothek:
Die Deutsche Bibliothek verzeichnet diese Publikation in der
Deutschen Nationalbibliografie; detaillierte bibliografische Daten
sind im Internet über <http://www.dnb.ddb.de> abrufbar

© Oktober 2004 – Gerd G. Schwager
Text und Gestaltung: Elke Bruns
Herstellung und Verlag: Books on Demand GmbH, Norderstedt
Printed in Germany

ISBN 3-8334-1740-4

Sie finden uns im Internet unter

<http://www.osmthgermany.de>

Inhalt

Vorwort

Die Daten und Fakten zum Werden des OSMTH ab 1705 wurden aus verschiedenen Publikationen zusammen getragen. Es wird ausdrücklich darauf hingewiesen, dass keine Gewähr für die Richtigkeit und Vollständigkeit übernommen werden kann. Dafür sind die teilweise widersprüchlichen Darstellungen der verschiedensten Personen und Gruppierungen verantwortlich. Auch sind wichtige Unterlagen nicht einsehbar oder „verloren gegangen". Es wird aber ausdrücklich darum gebeten, offensichtliche Fehler, falsche Interpretationen oder falsche Rückschlüsse, sowie wichtige, hier nicht genannte, den Autoren demnach unbekannte, Details, ausschließlich den OSMTH betreffend (unter Angabe oder Beifügung der Fundstelle) an den Verlag zu melden, weil diese Hinweise Beachtung in einer weiteren Auflage finden werden.

Zur Geschichte des modernen Templerordens (OSMTH)

Gerd G. Schwager

Schon die Geschichte der Templer beginnt mit vielen Rätseln, vieles ist Spekulation, vieles ist mysteriös. Auch scheint der Ursprung des Ordens zunächst nichts mit den Kreuzzügen zu tun gehabt zu haben. Vieles ist bereits über neun arme Ritter geschrieben worden, die „urplötzlich" in Jerusalem auftauchen. Sie werden vom König von Jerusalem, Balduin I, empfangen (sein Bruder, Gottfried von Bouillon, hatte die Stadt 20 Jahre vorher erobert) und vom Patriarchen von Jerusalem. Die Vermutung, dass das heute noch verwendete Patriarchenkreuz bis zur offiziellen Übertragung des roten Tatzenkreuzes das erste Kreuz war, welches von den damaligen Templern getragen wurde, kann hierin seine Begründung finden. Die Ritter erhalten im Jahre 1118 einen Teil des Palastes, der wie zufällig auf den Grundmauern des Salomonischen Tempels steht (1118). Einige Autoren gehen davon aus, dass sie sich zunächst Christusritter nannten und der Name Templer erst später zu ihrem „Markenzeichen" wurde. Nach der Auflösung des Templerordens hätten sie dann ihren ersten Ordensnamen wieder aktiviert.

Hier leben und graben sie mehr als neun Jahre, von der Außenwelt scheinbar abgeschlossen, und keiner weiß so recht, was die denn da so treiben. Fremde werden nicht hinzu gebeten und Aufzeichnungen sind bis heute nicht bekannt. Es entsteht die erste Wechselstube der Templer, quasi als Alibi, denn von irgend etwas müssen sie ja offiziell leben. Auch ein Stall für angeblich 2000 Pferde, wie später Chronisten berichten, soll gebaut worden sein.

Und noch immer haben sie scheinbar nichts mit dem Schutz von Pilgern zu tun – ihrer offiziellen Mission! Auch der Chronist des Königs, Fulcher von Chartres hat sie mit keinem Wort erwähnt.

Erst Wilhelm von Tyrus beschreibt in recht oberflächlicher Manier die Geschichte der Templer.

Irgendwie dringt die Geschichte von tapferen Tempelrittern nach Europa. Ob hier Propagandisten vorsätzlich am Werk waren, ist heute nicht mehr feststellbar. Bernhard von Clairvaux wird Förderer und geistiger Mentor der Templer. Er schreibt ihre Regel, die vom Papst bestätigt wird.

Im Jahre 1128 kommen sie mit schwerem Gepäck nach Frankreich zurück. Offiziell wird der Orden der Tempelritter mit der Hilfe von Bernhard von Clairvaux beim Konzil von Troyes anerkannt. Sie erhalten außerordentliche Privilegien (siehe dazu auch die Übersetzung von Joachim Seeger, der die älteste bekannte Privilegien-Urkunde aus dem Lateinischen in die deutsche Sprache übersetzt hat). Jetzt erst beginnt sein rasanter Aufstieg. Schnell entwickelt sich der Orden zu einer militärischen, politischen und ökonomischen Macht.

Es scheint überlegenswert, warum sich diese Ritter gerade Templer nannten. Weichen wir einmal von der üblichen Erklärung ab: Kann es nicht auch so sein, dass sie eigens zum Schutz und zur Sicherstellung eines unschätzbar wertvollen Kulturgutes (Bundeslade u. a.) angereist waren? Diese soll ja dann auch im Jahre 1128 außer Landes nach Frankreich gebracht worden sein.

Waren sie nicht auch tolerant im Umgang mit den Religionen vor Ort? War es nicht Bernhard von Clairvaux, der bei bekannt werden der Pogrome gegen die Juden sofort persönlich einschritt und vor Ort, am Rhein, dieses abscheuliche Tun verdammte?

Jedenfalls waren die Templer ihrer Zeit weit voraus! In den Krankenhäusern benutzten sie schon Schimmelextrakte als Antibiotika. Politisch waren sie mit großem Einfluss ausgestattet, ökonomisch waren sie die ersten Banker, sie führten u. a. den Wechsel ein.

Auf dem Gebiet der Bildung und der Wissenschaft waren sie dem Abendland für die damals allgemein üblichen Ansichten in kaum vorstellbarem Maß voraus. Nicht zuletzt wurden auch die nautischen Kenntnisse der späteren so genannten Entdecker in ganz erheblichem Maße von den Hinterlassenschaften einer angeblich aufgelösten Ordensgemeinschaft geprägt.

Auch das Verhalten der Templer zur Zeit der Auflösung des Ordens im Jahre 1312 ist aus heutiger Sicht nur spekulativ zu betrachten. Eine sinnvolle Erklärung ist bisher nicht gelungen. Alles dreht sich um die Vermutung, dass bestimmte Fakten in jedem Fall verborgen bleiben müssen. So werden zwar im Jahre 1946 insgesamt 19 steinerne Sarkophage und dreißig metallene Behälter in einer unterirdischen Kapelle in Gisors entdeckt, aber die Genehmigung, die Ausgrabungen zu beenden, wurde erst sechzehn Jahre später erwirkt. Und wie sollte es auch anders sein, alles war spurlos verschwunden. Auch während der deutschen Besatzungszeit wurde 1944 vom Führerhauptquartier (Himmler) eigens eine Sondereinheit mit speziell ausgesuchten Bergleuten nach Gisors gesandt, um dort Ausgrabungen vorzunehmen.

Die Geschichte um das Wissen und um den Schatz der Templer ist also noch nicht geschrieben. Es werden noch so manche Überraschungen, die das Tageslicht erblicken wollen, auf uns warten. Erst vor wenigen Jahren entdeckte ein persönlicher Bekannter des Verfassers eine kleine unterirdische Templerkapelle in der Normandie!

Aber auch historisch wird noch manche Überraschung auf uns warten. Wie die italienische Historikerin Dr. Barbara Frale berichtete, wurde kürzlich in den Archiven des Vatikans ein Dokument entdeckt, welches ohne Zweifel die Templer als unschuldig verfolgt darstellt! Schon anhand dieses Dokumentes müsste die Geschichte der Templer neu geschrieben werden!

Heute erscheint es sehr wahrscheinlich, dass die Templer bereits in Südamerika waren, also den Seeweg dorthin kannten. Unlängst wurde im französischen Staatsarchiv ein sensationeller Fund gemacht, ein Ordenssiegel der Templer mit der Umschrift „SECRETUM TEMPLI". Das Herzstück dieses Siegels zeigt mit aller Deutlichkeit die Darstellung eines südamerikanischen Indianers. Galt es dieses Wissen unbedingt zu schützen? Woher nahmen die Templer die scheinbar schier unendlichen Geldmittel, die dazu führten, dass alleine in Frankreich achtzig gotische Kathedralen gebaut werden konnten? Auch die Stadt Neuss konnte sich nach **1209** den prächtigen Quirinus-Dom bauen, den eine steinerne Inschrift im Inneren heute noch als wunderschönen Tempel bezeichnet. Gehörten die Aufzeichnungen über den Seeweg nach Südamerika zu dem geheimnisvollen Wissen, welches den Templern nachgesagt wurde und die, zusammen mit anderen wichtigen Ordensdokumenten kurz vor der Verhaftungswelle in Frankreich von Paris zu ihrem Hafen La Rochelle verbracht wurden, um anschließend auf dem atlantischen Ozean mit scheinbar unbekanntem Ziel zu verschwinden? Letztmalig soll die Straße nach La Rochelle am 12. Oktober **1307** von den Templern benutzt worden sein. Eine diesbezügliche Vernehmungsakte vom Juni **1308** von Jean de Chalon vom Tempel in Nemours, beim Papst hinterlegt, weist aus, dass er persönlich am Vorabend der Verhaftung der Brüder drei mit Stroh bedeckte Wagen, unter denen die Truhen mit dem gesamten Schatz des Großinspektors der Templer von Frankreich, Hugues de Pairaud, verborgen gewesen sein sollen. Unter dem Befehl von Gérard de Villers und Hugues de Châlons wurde der Tempel von Paris in der Nacht in Richtung Küste (La Rochelle?) verlassen. Insgesamt waren es 17 Schiffe des Ordens, auf denen alles verladen wurde, was an Templer Hab und Gut den Hafen rechtzeitig erreichte.

Auch die Heimatstadt des Verfassers, Neuss, birgt vieles Ungeklärte in bezug auf die Templer. Zum Beispiel fehlen Dokumente über einen Zeitraum von 200 Jahren in der Stadtgeschichte! Tatsächlich aber hatten die Tempelherren ihr Haus im heute so genannten Jesuitenhof, wo eine am dortigen „Studententürmchen" angebrachte Gedenktafel daran erinnert. Die ältesten Karten über Neuss zeigen darüber hinaus auch deutlich das typische Templerkreuz, welches zur damaligen Zeit auch vor dem heutigen Quirinusmünster nachgewiesen ist. Nicht ohne Grund war der Schutzheilige der Neusser Kreuzritter der Volksheilige St. Quirinus. Ein uns heute noch bekanntes, überliefertes Notgebet an den Schutzheiligen der Neusser Kreuzfahrer erinnert daran. Danach sollen im Jahre **1217** Kreuzfahrer aus Neuss im Mittelmeer verunglückt sein. Sie riefen jedoch ihren Schutzpatron, den heiligen Quirinus an und wurden dank seiner Führbitte gerettet, während – wie der Chronist mit ein wenig Neid vermerkt – Kreuzfahrer aus anderen Städten elendiglich umkamen. Auch das bisher ungelöste Geheimnis der neun Scheiben oder Kugeln kann ein Attribut an den Beschützer der Kreuzfahrer sein, denn schließlich ist die heiligste Zahl der Templer die Zahl 9. Und es bleibt auch zu bedenken, dass es den Kopfkult in Neuss noch im 15. Jahrhundert gab (trinken aus der Hirnschale des Volksheiligen St. Quirinus). Von diesem Schutzpatron der Kreuzfahrer (Quirinus) hatte Papst Leo IX. bereits vor der neu behaupteten Translation (**1050**) Reliquien bekommen und diese einer neuen Kirche in Ottmarsheim (Elsaß) geschenkt (**1049**).

Sehen wir es einmal hypothetisch: Neun Neusser Grundherren waren dem Kölner Erzbischof nicht lehenspflichtig, daher mindestens Affiliierte des Templerordens. Eine Familie, Kothusen, kaufte im letzten Drittel des 13. Jahrhunderts den Erzbischof frei. Namentlich sind etliche Neusser Ritter bekannt, die unter anderem als Bannerherren in Norditalien in kaiserlichen Diensten gegen den Papst kämpften. Und dieses unmittelbar nach der unrechten Auflösung des Ordens auf dem Konzil von Vienne / Frankreich.

Es erscheint auch wünschenswert, dass wissenschaftlich die Symbolik der ältesten rheinischen Siegel aus der Zeit zwischen dem 12.

und dem 14. Jahrhundert ohne Vorbehalte untersucht werden. Es ist nämlich nicht auszuschließen, dass sich eines der Templersiegel im oberen Teil der Stadtsiegel wiederfinden lässt. Dabei fällt auf, dass nur die Stadtsiegel eine solche Symbolik haben, in deren Städten tatsächlich oder angeblich Templer waren. Diese Findung wurde bereits **2002** von der Tageszeitung „Düsseldorfer Nachrichten" im Neusser Teil publiziert.

Rheinische Kreuzritter waren maßgeblich an der Eroberung von Lissabon beteiligt. Der portugiesische Poet Camoes erwähnt den rheinischen Ritter Heinrich und das Wunder der Palme, die auf sein Grab gepflanzt wurde.

Die Gebeine der deutschen Kreuzritter, die während der Eroberung der Stadt Lissabon zu Tode kamen, wurden auf Anordnung des Papstes in einem Gemeinschaftsgrab beerdigt und darüber die Kirche Sao Vicente de Fora gebaut.

Mit der Zeit haben sich Templer wieder öffentlich präsentiert. Die offizielle Geschichte unseres Ordens beginnt eigentlich erst im Jahre **1804**, obwohl die ersten urkundlichen Erwähnungen bereits bis **1705** zurück zu verfolgen sind. Ihr Einfluss bestimmt auch heute in einem ganz und gar nicht esoterischen, sondern in einem höchst exoterischen Sinn unser tägliches Leben!

Der heutige internationale Templerorden ist eine christlich ökumenische Organisation und sieht sich nicht als Fortsetzung des alten, aufgelösten Ordens.

Nicht selten wird gefragt, ob die Tradition eines Ritterordens noch zeitgemäß ist. Mit den Begriffen Ritter und Ritterorden können die wenigsten Menschen etwas anfangen. Zweifellos ist das Rittertum alter Prägung untergegangen und idealisiert, die Tugenden jedoch, die es trugen, sind keine Erfindungen mit mittelalterlichem Verfallsdatum, sondern sie sind die Summe der ethischen Kultur des Abendlandes seit seinen Anfängen. Grundlagen des ritterlichen Ethos sind die vier Kardinalstugenden: Weisheit, Gerechtigkeit, Tapferkeit und Besonnenheit, wie sie schon die klassische griechische Philosophie entworfen hatte und wie sie später in das christlich-ethische System eingeflossen sind. Es sind vor allem vier Grundhaltungen, die den Ritter auszeichnen und kennzeichnen: Beständigkeit, Maß, Treue und Mildtätigkeit. Im Einzelnen bedeutet dies Stetigkeit und Verlässlichkeit im alltäglichen Handeln, Selbstzucht, zum Beispiel das Gefühl für das Angemessene, also das sichere Urteil, Zuverlässigkeit im Umgang miteinander, Mildtätigkeit und Freigiebigkeit. So verstanden haben diese ritterlichen Grundlagen auch noch heute ihren Sinn und sind geeignet, der nach Werten suchenden, heutigen Gesellschaft Orientierung zu geben.

Der deutsche Zweig des internationalen OSMTH wird von einem Dachverband repräsentiert. Ausschließlich er kann in den Stand eines Ordensritters oder einer Ordensdame erheben. In diesem Dachverband sind die unterschiedlichsten deutschen Templergruppierungen vereinigt. Sie werden als Komtureien geführt und sind, bis auf die Grundsätze des Beitritts in den Dachverband, vollkommen autonom. Jede Komturei hat, unabhängig von ihrer Größe, eine Stimme.

In einem Prioratsgebiet (es müssen mindestens drei Komtureien vorhanden sein) kann ein Prior gewählt werden, der die Komtureien seines Prioratsgebietes auf einem Konzil vertreten kann. Dabei muss er aber der Vorgaben der jeweiligen ihn beauftragenden Komturei folgen. Eine Entscheidung bleibt also in jedem Fall bei der Komturei. Es ist in der Tat ausdrücklich bestimmt, dass es kein körperliches Priorat gibt, in dem die Komtureien dieses Gebietes Mitglied sein müssen. Der Prior repräsentiert also nur, er hat keinerlei eigene Machtbefugnis.

Der Dachverband wird von einer Ordensregierung, der drei gewählte Ritter / Damen gemeinsam vorstehen, vertreten. Die Entscheidungen im Dachverband basieren auf einer einfachen Mehrheit. Diese dort gefundene Mehrheit wird vom Großprior vertreten. Insofern ist auch das Amt des Großpriors im wesentlichen nur repräsentativ zu verstehen. Auch hat er keine eigene Machtbefugnis, weil sein Tun sich immer nur auf eine gefundene Mehrheitsmeinung innerhalb der Ordensregierung bezieht.

Auch heute bleiben ehrenwerte christliche Personen oder adäquate Gruppierungen, die sich dem heutigen modernen Templerorden verbunden fühlen, aufgerufen, dem nationalen OSMTH im internationalen Templerorden beizutreten. Aufnahmekriterium ist die christliche Taufe.

Geschichte der Templer

Übersetzungen: aus dem Italienischen von Ralf Zander, aus dem Französischen von Erika Müller und Joe Labonde und aus dem Englischen von Elke Bruns

Mit der öffentlichen Stellungnahme des Herzogs von Orleans begann die moderne Restaurierung des Ordens, der mit wechselnden und oft verwirrenden Ereignissen bis heute in dieser Form existiert. Er wurde 1705 im königlichen Schloss von Versailles anlässlich eines Generalkapitels zum 41. Großmeister des „Ordre du Temple" gewählt. Der mit dem Sonnenkönig Ludwig XIV. verwandte Prinz Philipp war von 1715 bis 1723 Regent für den minderjährigen Ludwig XV.

Die überarbeitete neue Form der ältesten bekannten Ordensstatuten ist unterschrieben mit „Philippus Aurelianus" und gesiegelt. Offiziell wurde er als Laienritterorden geführt.

Philipp war bis zu seinem Tode 1723 Großmeister des Templerordens. Nach ihm folgten drei Prinzen aus dem Hause Bourbon.

1776 nahm der Herzog von Cosse-Brissac das Amt des Großmeisters an. Er wurde am 9. September, zu Beginn der französischen Revolution, massakriert.

Chevallier Radix de Chevillon, Ordensregent, führte den Orden als Amtinhaber von 1792 bis 1804 durch die Wirren der Revolution. Die in seinem Besitz befindlichen Unterlagen übergab er den noch verbliebenen Tempelrittern.

Ihm folgte Bernard-Raymond Fabre-Palaprat. Er wurde am 4. November 1804 Großmeister. Er unterzeichnete die *Charta Trasmissioni*, wobei er verschlüsselte Buchstaben benutzte.

Diese Restauration wurde von dem neuen französischen Kaiser, Napoleon Bonaparte, genehmigt, der eine neue Aristokratie einleitete. Napoleon misstraute den monarchiefeindlichen Fürsten, die der Freimaurerei nahestanden. Der Kaiser sah in dem neugegründeten Orden der Templer wahrscheinlich eine günstige Alternative für sich und für seine Gefolgsleute.

Ab dem Jahr **1804** entwickelte der Orden seine Strukturen und organisierte sich als Institution des toleranten, traditionellen und universellen Ritterwesen. Zwischen **1804** und **1808** war der Erfolg und Zulauf des neu gegründeten Ordens auf die Vielzahl der Priorate und Kommandanturen im gesamten napoleonischen Imperium zurückzuführen. Die Anwärter, welche die Voraussetzung des Adelsstandes nicht erfüllten, wurden geadelt. Um sich weiter von seinen freimaurischen Wurzeln zu lösen, bekannte sich der Orden zur „apostolischen, römisch-katholischen Religion". Die von protestantischer Seite eingereichten Investitureingaben wurden abgelehnt.

Nach Wiedereinsetzung der Bourbonen stellte Louis XVIII. die Templer unter seinen persönlichen Schutz, da er den möglichen politischen Einfluss einiger Gruppen, den Gegnern der wiederhergestellten Monarchie, fürchtete.

1825 distanzierten sich die Templer von der Freimaurerbewegung. Sie legten später (im Jahre **1837**) erneut ein Bekenntnis zur katholischen Kirche ab.

Die französischen Templer richteten später ihre aufrührerischen Bewegungen aus dem Jahr **1830** gegen Karl X., der die Rückkehr des Absolutismus androhte. Es gab auch eine belgische Erhebung gegen die holländische Vorherrschaft des Hauses Oranien-Nassau. Diese Revolte endete mit der Unabhängigkeit Belgiens im Jahr **1831**.

Am 18. Februar **1838** starb Fabre-Palaprat. Am 29. Mai des selben Jahres wurde die Führung des Ordens dem Grafen de Mouton übertragen, einem Katholiken. Die allgemeinen Ordensregeln setzten gleichzeitig eine neue „Vollzugskommission" fest. Da die Statuten von **1705** in der Periode Fabre-Palaprat „zersetzt" wurden, wurde ein neues Dokument genehmigt, das „die ritterlichen Traditionen und den Gehorsam gegenüber der katholischen Kirche" erneuerte.

Am 8. Februar **1839** wurde Sir Sidney Smith von der Ritterschaft gewählt. Bis zu seinem Tod im Jahre **1840** war er Großmeister.

Am 11. Februar **1841** trafen die Templer in Paris eine sehr wichtige Entscheidung: Alle Christen, unabhängig welcher Konfession sie angehörten, durften Mitglied des Ordens werden, dessen offizielle Religion aber nach wie vor die apostolischen, römisch-katholische blieb.

Am 13. März **1845** wurde Papst Gregor XVI. gebeten, die seinerzeit erfolgte – auch rechtlich sehr umstrittene – Auflösung des Ordens aufzuheben und ihn wieder anzuerkennen. Überbringer dieser Templerbotschaft war der Prinz de Chimay.

Dieser Bitte wollte Papst Gregor folgen. Bedingung aber war, dass alle Tempelritter römisch-katholisch sein mussten. Dieses päpstliche Versöhnungsangebot in Verbindung mit einer Wiederanerkennung seitens des Vatikans konnten die Templer nicht annehmen, weil bereits damals der ökumenische Grundsatz im Orden galt.

Mit dem Gesetz vom 28. Juli **1848** verbot die konstituierende, französische Versammlung die Tätigkeit aller Orden und aller Verbände. Aber mit dem zweiten Kaiser, Napoleon III., wechselte das politische Klima erneut und die Templergruppierungen wurden wieder anerkannt. Mit dem Dekret vom 13. Juni **1853** ermächtigte der Kaiser die Templer, öffentlich die Abzeichen und Wappen des Ordens zu tragen. Im Jahre **1857** stellte der Regent von Valleray die Benutzung des patriarchalischen Kreuzes wieder her.

Am 15. August **1871** erhielt der Direktor des Nationalarchivs von Frankreich, M. Maury, von dem damaligen Regenten des Templerordens, Dr. Angelo Vernois, das Archiv des Ordens. Eine tatsächliche Legitimation dafür soll er nicht gehabt haben und damit ist sein Handeln bis heute umstritten. Unter anderem befand sich das Zeichen des Großmeisters, der Helm von F. Guy, die Siegel und die Originalstatuten darunter. Außer der Charta Transmissionis befindet sich alles noch heute dort und ist registriert im Nationalarchiv Paris unter AB XiX 125 bis 158. Ein Film der Cinescopa Brüssel mit der Nummer 3608 dokumentiert dieses.

In Frankreich wurde **1892** der dekadente Poet und Schriftsteller Joseph Aime Peladan Großmeister. Er wird, unter anderem, als Begründer des kabbalistischen Rosenkreuzes und des Okkultismus angesehen.

Am 11. November **1894** fand in Brüssel ein Generalkonvent statt, in dessen Verlauf die Gründung eines „Internationalen Sekretariats der Templer" beschlossen wurde. Am 13. November **1894** beschloss man die Wiedereinführung der Regentschaft und etablierte das Templersekretariat in Brüssel.

Die englischen Templer nahmen nicht teil, da sie zwischenzeitlich, am 24. Januar des selben Jahres, Edward VII., König von England und Kaiser von Indien, zum Großmeister bestätigt hatten. Aber die Verlegung des Templersitzes nach England traf nicht auf die Zustimmung aller Templer.

Nach dem Tod Edwards VII. im Jahre **1910** übernahm Wilhelm II., Kaiser von Deutschland, die Nachfolge als Großmeister. Beim

Ausbruch des Ersten Weltkrieges trat Wilhelm II. aus Opportunitätsgründen vom Amt des Großpriors zurück.

Im Jahr 1915 wurde ein „Internationales Sekretariat der Templer" für die Aufrechterhaltung der Solidarität und der Beziehungen zwischen den Templern auf aller Welt gegründet. Das Sekretariat hatte seinen Sitz in Belgien. Alle fünf Jahre fand die Wahl eines Führungsrates statt.

Die belgische Vereinigung der Templer ließ 1932 die Statuten des internationalen Sekretariats registrieren.

Am 1. Oktober 1933 beschloss der Großprior von Belgien – nach Feststellung der Renaissance der Templer – die Neugründung der Großmeisterei des Ordens in Brüssel, wobei Theodore Covias das Amt als Großmeister annahm. Zehn Monate später, am 08. August 1935, übernahm Emile-Isaac Vandenberg die Nachfolge von Covias als Führer und Wächter des Ordens, wobei die Templerpriorate in Europa wieder eingeführt wurden. Durch das magistrale Dekret vom 1. Oktober 1934 wurden alle Befugnisse auf den Regentschaftsrat des Ordens mit Sitz in Brüssel übertragen. Der Regentschaftsrat wählte 1935 Theodore Covias zum Regenten.

Aus Furcht vor der nationalsozialistischen Unterdrückung der traditionellen Ritterorden (und somit auch der Templer) während der deutschen Besatzung in Belgien, verlegte Vandenberg im November 1942 die Archive der Templer nach Porto, in Portugal, einem neutralen Land. Er vertraute sie dem Grafen Antonio Campelo Pinto de Sousa Fontes, Großprior von Portugal, an. Die immer wieder behauptete Amtsübergabe ist bis heute nicht anerkannt.

Nach Ende des Konfliktes beantragte Vandenberg die Rückgabe der Archive. De Sousa Fontes behauptete, dass die Verlegung der Archive auch eine Machtverlegung darstellte.

Nach dem Tod von Vandenberg ernannte sich de Sousa Fontes selbst zum Regenten. Einige Priorate erkannten seine Autorität an, andere lehnten sie ab.

1947 verbreitete de Sousa Fontes seine Revision der Statuten. Es ist nicht klar, ob sie jemals durch eine Ordensregel bestätigt wurde. Am 20. August **1948** designierte de Sousa Fontes in einem Privatdokument als seinen Nachfolger seinen Sohn Fernando Campelo Pinto Pereira de Sousa Fontes, da er die Regentschaft in seiner Familie halten wollte.

Am 24. März **1956** ernannte der Regent des französischen Kapitels, Gueradelle Graf de Ribauville, den Fürsten Dom Gabriel Inellas de Clazomene e Rodosto (1913 – 1987), wohnhaft in Brasilien, zum 49. Großmeister des Supremus Militaris Templi Hierosolymitani Ordo – SMTHO. Mit diesem Akt wurde die brasilianische Vorherrschaft eingeführt. Der Magistralsitz der Gruppe wurde nach Südamerika (Brasilien) verlegt.

Im selben Jahr verzichtete de Sousas Fontes aus Gesundheitsgründen zu Gunsten seines Sohnes auf die Führung im OSMTJ.

Am 19. Februar **1959**, dem Todestag des Vaters, proklamierte sich Fernando de Sousa Fontes zum Führer des OSMTJ mit dem Titel regierender Fürst. Dieser Alleinvertretungsanspruch hatte aber einen Schönheitsfehler: Die Urkunde über diesen Einsetzungsakt soll erst Tage nach dem Tod des Vater notariell beglaubigt worden sein.

Die Großpriore, welche de Sousa Fontes die Gefolgschaft verweigert hatten, trafen sich **1970** in einem Generalkonvent in Paris, um den Orden neu zu gründen und um sich von der portugiesischen Bevormundung zu lösen.

Der Großprior von Frankreich, Maresciallo Conte Anton Zdrojewski (früher Großprior für Europa und, seinen Worten nach, Kopf des polnischen Widerstandes im besetzten Frankreich und nach **1945** polnischer Regierungsminister im Exil) wurde zum 49. Großmeister des Ordens proklamiert.

Zdrojewski reorganisierte seine Templergefolgschaft. Jedem Großpriorat wurde Selbstautonomie zuerkannt, so dass den individuellen Wünschen der verschiedenen Nationalitäten entsprochen werden konnte, aus denen sich der Orden zusammensetzte.

De Sousa Fontes erklärte das Kapitel von Paris als ungültig und rief seinerseits ein Generalkapitel ein, das in drei verschiedenen Sitzungen tagte (in Paris, in Chicago und in Tomar). An diesem Konvent nahm der Großteil der Großpriorate teil, stets auf der Suche einer friedlichen Lösung des Streites.

Bei der zweiten Sitzung in Chicago (Illinois) USA; wurden verschiedene Resolutionen verabschiedet. Unter anderem

—   dass der Orden universell und nicht beschränkt auf eine Nationalität oder Sprache sei.
—   Latein die offizielle Sprache ist.
—   nach einem Mitglied des Hochadels für die Wahl des Großmeisters gesucht werden soll.

In Tomar (Portugal) wurde bei der dritten Sitzung beschlossen, dass der Orden ein christlicher Orden ist, um so den ökumenischen Charakter des Orden zu unterstreichen. Die von General Zdrojewski reformierten Statuten der OIMT Konföderation sahen vor, dass jedes Mitgliedsgroßpriorat autonom ist.

1981 wurde der Zusammenschluss der Priorate von Dänemark, Finnland, Norwegen und Schweden als Großpriorat Skandinavien

anerkannt, **1982** folgte als weiteres autonomes Großpriorat Schottland.

Am 25. September **1983** wurde in einem Internationalen Konvent
des Ordens beschlossen, Frauen als Templerdamen aufzunehmen.

Enttäuscht von der portugiesischen Führerschaft de Sousa Fontes
sprachen sich viele Großpriorate für autonome Statuten aus. Unter
der Führung des Großpriorats Spanien, vereinigten sich viele Großpriorate, vor allem europäische und südamerikanische, in der Burg
Siguenza (Spanien) im Jahr **1988** in der IFA (International Federative
Alliance). Das Ziel bestand darin, eine internationale Templerorganisation zu gründen, wobei jedes Großpriorat seine Autonomie
behielt. Es entstand eine neue Regelung IFA.

De Sousa Fontes (SMOTJ) nahm **1990** die geprüften Statuten an,
welche dem Generalkonvent in Santiago (Toja), in Spanien **1993**,
vorgelegt wurden, wo sie nicht mehr besprochen bzw. genehmigt
worden sind.

Maximus V. Hakim, Patriarch der griechisch-katholisch-melkitischen
Kirche wird religiöser Protektor der Großpriorate von Deutschland,
Österreich, England und der NATO. Im gleichen Jahr erkennt König
Harald von Norwegen das Großpriorat von Norwegen als Templ-
erorden an. Das finnische Großpriorat wird im gleichen Jahr vom
finnischen Präsidenten anerkannt.

Ein Internationales Konklave der Templer tagte vom 23. bis 25. Juni
1995 in London. Gegründet wurde der Rat der Großpriore mit der
Aufgabe, den Orden zu verwalten. Das Konklave wurde geleitet
vom Großprior der NATO, Esposito. Der Großprior von Deutschland, Rind, wurde Generalsekretär. Die Statuten mussten geprüft
und aktualisiert werden. Es mussten entsprechende Kandidaturen
für die Wahl des Großmeisters vorgelegt werden.

Die Vertreter der IFA ließen erklären, dass sie bereit waren, der internationalen Templerorganisation beizutreten, wenn der regierende Fürst zurücktrete.

Es wurde entschieden, ein Großkonvent in Salzburg (Österreich) einzuberufen, aber de Sousa Fontes weigerte sich, dieses Treffen zu autorisieren und erklärte, als Oberhaupt der Templer alle vom Londoner Konklave getroffenen Entscheidungen als ungültig.

Vom 3. bis 5. November versammelte sich in Salzburg der Rat der Großpriore, der de Sousa Fontes alle Vollmachten entzog.

Auf Initiative des Großpriorates der USA entstand **1995** die atlantische Observanz unter dem Namen Ordo Supremus Militaris Templi Hierosolymitani – OSMTH. Sie bestand aus einigen Großprioraten auf beiden Seiten des Atlantiks.

Der Internationale Großrat der Templer versammelte sich in Paris vom 15. bis 17. März **1996**. Es wurde vorgeschlagen, de Sousa Fontes den Titel „regierender Fürst emerit" zu erteilen, womit ein schwerer Konflikt zwischen den Templern vermieden werden sollte. Aber der Vorschlag wurde von dem Betroffenen abgelehnt.

Der Großrat zog alle Anerkennungen für de Sousa Fonte als Führer der Templer zurück. Dies wurde vom Großen Rat in Salzburg (1. – 5. November **1996**) bestätigt. Weitere Großpriore organisierten sich autonom oder auf regionaler Ebene (Spanien, Portugal, Australien und Belgien).

Vom 25. bis 27. April **1996** fand der Kongress IFA in Tomar, Portugal, statt. Eingelassen wurde das sogenannte „Protokoll Tomar" mit der Absicht, die Bildung einer internationalen Vereinigung der Großpriorate zu beschleunigen.

Im November **1996** tagte in Salzburg (Österreich) der Großkonvent, um über die geänderten Statuten und die Kandidaten für das Großmeisteramt zu beraten. Es wurde die Kooperation auch mit den Prioraten empfohlen, die Sousa Fontes nie akzeptiert hatten bzw. seine Regentschaft nicht anerkannten.

Der damalige Großprior von Deutschland, Werner Rind, versuchte mit aller Macht, seine persönlichen Ansichten und Vorstellung über den Orden durchzusetzen, ja er drängte sie regelrecht auf. Daraufhin wurde die Sitzung beendet und Deutschland nicht mehr als Mitglied im internationalen Orden geführt.

Die verbliebenen Großpriore, um die Einheit des Ordens bemüht, gründeten ein internationales Konzil (Grand Council) mit Sir Roy Redgrave als Großkommandeur. Ebenso wurde der Orden „Order of Merit" eingeführt. Er dient als Anerkennung und Ehrung für Ordensmitglieder und Nichtmitglieder für außergewöhnliche Leistungen im Dienste der Menschlichkeit.

Prinzessin Elisabeth von Ysenburg und Büdingen, Prinzessin von Schleswig-Holstein Sonderburg-Glücksburg, Gräfin von Schleswig-Holstein, Storman, Ditmars und Oldenburg wurde **1997** Protektorin des amerikanischen Großpriorats.

Der OSMTH versammelte sich in Aalborg (Dänemark) vom 29. Juli bis zum 1. August **1997**, um die Agenda des Rates der Großpriore vorzubereiten, der im Herbst in den Vereinigten Staaten tagen sollte.

Am Kongress der IFA in Lissabon nahm auch ein Vertreter des Rates OSMTH teil. Das Ziel bestand darin, die ersten Schritte in Richtung einer Konföderation aller Großpriorate einzuleiten. Die Großpriorate IFA versammelten sich dann in Siguenza, Spanien, wo beschlossen wurde, dass ein Großmeister gewählt werden und dass ein Rat der Großpriorate und ein internationaler Magister institutioniert werden müsse. Es wurde beschlossen, dass eine Vertretung IFA am nachfolgenden Rat OSMTH in Alexandria, in Virgina (USA), am 17. und 18. Oktober **1997** teilnehmen sollte.

Am 7. Juni **1998** fusionierten zwei deutsche Templergruppierungen (St. Bernhard-Saar und der RRoT-Düsseldorf) auf Schloss Rheinfels bei St. Goar.

In einem weiteren Rat der OSMTH in Turku (Finnland) vom 2. bis 5. Juli **1998** wurde beschlossen, dass zumindest für den Moment keine Fusion mit der IFA möglich sei. Es wurden die Kriterien für die Anteile und für das Prinzip „ein Großpriorat pro Land und nur eine Stimme pro Großpriorat" festgelegt. Als regierender Meister wurde der Generalmajor Sir Roy Redgrave gewählt.

Auf dem nächsten Rat der OSMTH in Glasgow (Schottland) vom 17. und 18. April **1999** wurde die offizielle Gründung der Großpriorate beschlossen. Ferner wurde die Registrierung des OSMTH in der Schweiz und der Status internationaler NGO der Vereinten Nationen beantragt.

Admiral James Carey (USA) wurde zum Großkommandeur und General Sir Roy Redgrave zum provisorischen Großmeister gewählt.

Am 19. August des selben Jahres schrieb Sir Roy Redgrave dem Generalsekretär der IFA, Luis Carlos de Matos, das vom Beschluss der IFA für die Durchführung der Wahl eines Großmeisters offiziell Abstand genommen werde. Die IFA wählte dennoch ihren Großmeister in Alcala de Henares (Spanien) in Person des Großpriors von Spanien, Don Fernando de Toro-Garland.

Am 5. September **1999** trafen sich die Vertreter der beiden deutschen Templergruppierungen in der Kaiser-Friedrich-Halle, Mönchengladbach, um mit Admiral Carey die Wiederbelebung bzw. die Wiederaufnahme eines deutschen Priorates in den internationalen Orden zu besprechen. Nach einer Vielzahl von Beratungen wurde im Jahr **2001** in Wien der Beitritt als Priorat Deutschland zum internationalen Orden vollzogen.

Nachdem auf Burg Rheinfels der bisherige Prior von Deutschland seinen Rücktritt erklärt hatte, wurde am 8. Juni **2002** in Hillesheim (Eifel) mit Professor Dr. Ortwin Giebel ein neuer Prior gewählt und die Aufnahme der Neusser Templergruppierung bestätigt. Die für die Anerkennung als Großpriorat notwendige Anzahl an Mitgliedern war damit noch nicht erreicht.

Das Priorat Deutschland erhielt durch den Protektor, Baron Odelga (Österreich), nach Vorlage des entsprechenden Mitgliedernachweises, am 3. Juli **2002** in Köln die offizielle Anerkennung als Großpriorat. Der bisherige Prior von Deutschland, Professor Dr. Ortwin Giebel, wurde offiziell als Großprior bestätigt. Anwesend bei diesem feierlichen Akt waren neben dem Verfasser und dem vorgenannten neuen Großprior Professor Dr. O. Giebel die Ordensritter Chev. U. Weidenfeld, Chev. K. Wildt, Chev. J. Labonde und Chev. F. C. Huisgen.

Getreu dem Grundsatz, der im Mai 2001 in Trier proklamiert wurde – „Einigkeit in Vielfalt" – setzte die deutsche Ordensregierung ihre werbenden Maßnahmen um andere seriöse deutsche Templergruppierungen mit Erfolg fort. Notwendigerweise wurde am 4. Dezember **2002** der OSMTH Deutschland als Dachverband installiert, in dem alle angeschlossenen autonomen Komtureien jeweils eine Stimme haben. Damit kam man der Vielfältigkeit und der Unterschiedlichkeit der einzelnen deutschen Templergruppierungen entgegen und erleichterte ihnen den Beitritt über den deutschen OSMTH auch zur internationalen Ordensgemeinschaft.

Im Mai 2002 erhielt der internationale OSMTH von den Vereinten Nationen die Anerkennung als NGO (nichtstaatliche Hilfsorganisation) mit besonderem Beraterstatus in sozialen und ökonomischen Fragen und Sitzen in Wien, Genf und New York. Er ist Mitglied im internationalen Friedensbüro, Genf, registriert in der Schweiz unter CH 660197299-4

Im November **2002** wurde der Protektor für Deutschland, Baron Odelga, einstimmig anlässlich des internationalen Konzils in Belgrad zum stellvertretenden Großkommandeur gewählt. Zuvor hatte der bisherige stellvertretende Großkommandeur sein Amt zur Verfügung gestellt. Auf Grund dieses überraschenden Umstandes war er nicht in der Lage, wie allgemein üblich, als Großprior von Österreich zurückzutreten und eine Nachfolgerin / einen Nachfolger einzusetzen. Sein Rücktritt als Großprior erfolgte im Herbst **2003**.

Der im Herbst **2003** in Büdingen (Hessen) gewählte neue Großkommandeur Brigadier General [Ret.] Pat Rea legte im Mai **2004** sein Amt als Großprior USA nieder. Sein Nachfolger wurde COL David N. Appleby.

Am 15. Oktober **2004** wurde anlässlich des internationalen Konzils die neue internationale Ordensregierung in ihr Amt eingeführt. Neuer Großmeister ist seitdem RADM J. J. Carey.

Großmeister seit 1705

Philippe de Bourbon	1705-1724
Duc d' Orléans	
Louis-Auguste de Bourbon	1724-1737
Duc de Maine	
Louis-Henry de Bourbon	1737-1741
Prince de Conde	
LouisFrancois de Bourbon	1741-1776
Prince de Conty	
Loiuis-Hercules-Timoleon de Cosse	1776-1792
Duc de Brissac	
Regent Claude-Mathieu Radix de Chevillon	1792-1804
Bernard-Raymond Fabre-Palaprat	1804-1813
(1. Amtszeit)	
Regent Charles-Antione-Gabriel	1813
Duc de Choiseul	
(1. Amtszeit)	
Regent Charles-Louis Le Pelitier	1813-1827
Comte d'Aunay	
Bernard-Raymond Fabre Palaprat	1827-1838
(2. Amtszeit)	
Regent Charles-Antoine-Gabriel	1838
Duc de Choiseul	
(2. Amtszeit)	
La Commission Executive du Convent General	1838
Regent Charles-Fortune-Jules Guigues	1838
Comte de Moreton et de Chabrillan	
Sir William Sidney Smith	1839-1840
Regent Jean-Marie Raoul	1840-1850
Regent Jean-Marie Raoul	1850-1866
Regent Dr. A. G. H. Vernois	1866-1892
Regent Joseph Peledan	1892-1894
Secretariat International des Templiers	1894-1934

Conseil de Regence	1934-1935
Regent Theodore Covias	1935
Regent Emile-Clement-J. I. Vandenberg	1935-1942
Regent Antoine Campello Pinto de Sousa Fontes	1942-1960
Regent Fernando Campello Pinto de Sousa Fontes	1960-1998
Sir Roy Redgrave	1998-2004
RADM [Ret.] James J. Carey	2004-
	ad multos annos

Übersetzung Urkunde Innozenz II: Milites Templi

Dr. Dr. Jochen Seeger

Bischof Innozenz, Diener der Diener Gottes, an seine geliebten Söhne, an Robert, den Meister des Ritterordens des Tempels, der in Jerusalem liegt, und an dessen Nachfolger und Brüder, seine jetzigen wie auch die zukünftigen auf ewige Zeit:

„Jede beste Gabe und jedes vollkommene Geschenk kommt von oben, herab vom Vater allen Lichtes, bei dem es keine Veränderung gibt und auch nicht den Schatten eines Wechsels" (Jak. 1,17). Daher, ihr geliebten Söhne im Herrn, preisen wir wegen euch und für euch den allmächtigen Herrn, da ja auf der ganzen Welt euer Orden und eure verehrungswürdige Einrichtung angekündigt wird. Denn obwohl ihr „von Natur aus Söhne des Zorns" (Eph. 2,3) seid und hingegeben den weltlichen Vergnügungen, seid ihr jetzt durch die hilfreiche Gnade des Evangeliums keine tauben Zuhörer mehr und habt, nachdem ihr verlassen habt weltliches Gepränge und euer Eigentum, ja auch verworfen habt „die breite Straße, die zum Tod führt", den steilen Weg demütig gewählt, der „zum Leben führt" (Matth. 7,13-14), und zum Beweis, dass ihr in besonderer Weise gezählt werdet unter die Heerscharen Gottes, tragt ihr beständig auf eurer Brust das Zeichen des lebendig machenden Kreuzes. Dazu kommt noch, dass ihr wie wahre Israeliten und wie die ausgebildetsten Kämpfer in der göttlichen Schlacht, entflammt vom Feuer wahrer Nächstenliebe, durch eure Taten das Wort des Evangeliums erfüllt, in dem es heißt: „Größere Liebe hat niemand als die, dass einer sein Leben hingibt für seine Freunde" (Joh. 15,13). Deshalb habt ihr auch, gemäß den Worten des höchsten Hirten, nicht die geringste Furcht davor, eure Seelen für eure Brüder hinzugeben und sie vor den Angriffen der Ungläubigen zu verteidigen, und obwohl ihr von eurer Bezeichnung her als Soldaten des Tempels betrachtet werdet, seid ihr vom Herrn eingesetzt als Verteidiger der katholischen Kirche und als Bekämpfer der Feinde Christi. Mag aber euer Eifer und eure lobenswerte Hingabe an solch eine heilige Aufgabe sich abplagen mit ganzem Herzen und ganzem Sinn, so ermutigen wir euch in eurer Gesamtheit nichtsdestoweniger dennoch im Herrn und erlegen euch wie auch euren Dienern für die Vergebung der Sünden durch die Vollmacht Gottes und des Heiligen Petrus, des Ersten unter den Jüngern, auf, dass ihr, um die katholische Kirche zu schützen und diejenige Kirche, die sich unter der Tyrannenherrschaft der Ungläubigen befindet, zu befreien von der Befleckung durch eben diese, unverzagt euch abmüht, dadurch dass ihr die Feinde des Kreuzes niederkämpft unter Anrufung des Namens Christi. Die Dinge auch, die ihr von deren Beute in Besitz nehmen könnt, verwendet in Treu und Glauben für eure Belange, und wir verhindern, dass ihr gegen euren Willen irgendjemandem davon einen Anteil zu geben gezwungen werdet. Dabei setzen wir fest, dass das Haus oder der Tempel, in dem ihr zum Ruhm und Preis Gottes, zur Verteidigung derer, die an ihn glauben, und zur Befreiung der Kirche Gottes versammelt seid, mit allen Besitztümern und all seinen Gütern, die er gegenwärtig nach Recht und Gesetz anerkanntermaßen besitzt und all denen, die er sich in Zukunft durch Zugeständnis der Bischöfe, durch Freigebigkeit der Könige oder Fürsten, durch Gaben der Gläubigen oder auf andere rechtmäßige Art und Weise unter der Führung des Herrn wird erwerben können, sich für alle Zeit auf ewig unter dem Schutz und der Protektion des Heiligen Stuhles befindet. Auch stellen wir durch dieses Dekret als verpflichtende Satzung auf, dass der religiöse Lebenswandel, der in eurem Haus eingesetzt wurde durch die Inspiration der göttlichen Gnade, in diesem unverletzlich beachtet wird und die Brüder dortselbst, dem allmächtigen Herrn dienend, keusch und ohne Besitz leben, ihren Profess kundtun in ihren Worten und ihrem Lebenswandel und ihrem Meister oder denjenigen gegenüber, denen er es aufgetragen hat, in allem und durch alles untertänig und gehorsam sind. Außerdem soll euer Haus selbst auf die Weise, wie sich dieses verdient hat, nämlich Quelle und Ursprung dieser eurer heiligen Einrichtung und eures Ordens zu sein, so auch als Oberhaupt und Meisterin aller Orte, die zu ihm gehören, auf ewig angesehen werden. Als Zusatz zu diesem ordnen wir an, dass nach deinem Tod, Robert, geliebter Sohn im Herrn, oder nach dem eines deiner Nachfolger keiner an die Spitze der Brüder dieses selben Hauses gesetzt wird außer eine militärische und religiöse Person, die Profeß geleistet hat für die Art und Weise eures brüderlichen Umgangs, und dass derjenige, der an deren Spitze gesetzt werden soll, nur von allen Brüdern gemeinsam gewählt werden soll oder von dem rechtschaffeneren und reineren Teil von ihnen. Ferner sei es keiner kirchlichen oder weltlichen Person gestattet, die Gewohnheiten, die zur Bewahrung eures religiösen Dienstes von dem Meister und den Brüdern gemeinsam bestimmt worden sind, zuschanden zu machen oder zu schmälern. Ebenso sollen auch die Gewohnheiten, die von euch eine gewisse Zeit lang beachtet worden sind und die schriftlich niedergelegt wurden, nur von demjenigen, der Meister ist, unter der Zustimmung des rechtschaffeneren Teils des Kapitels geändert werden dürfen. Wir verbieten aber und untersagen auf jede Weise, dass eine kirchliche oder weltliche Person es wagt, vom Meister oder den Brüdern im selben Haus Treueleistungen, seien es Huldigungen, Schwüre oder andere Sicherheiten, wie sie oft von den Weltlichen eingefordert werden, zu verlangen. Nehmt aber auch dies zur Kenntnis, dass es euch, so wie eure heilige Einrichtung und euer religiöser Kriegsdienst sich gründet auf die göttliche Vorsehung, auf keinen Fall zukommt, zu irgendeinem anderen Ort überzuwechseln unter dem Vorwande, ein religiöseres Leben zu führen. Gott nämlich, der unwandelbar und ewig ist, billigt nicht die wandelbaren Herzen, sondern will viel eher, dass das einmal begonnene heilige Vorhaben weitergeführt werde bis zum Ende der Handlung, zu der man verpflichtet wurde. Wie viele sind der Männer und wie groß sind sie, die mit dem Degengurt und in dem Kriegsmantel eines irdischen Reiches je dem Herrn gefallen und ihm ein Erinnerungsmal auf ewig hinterlassen haben? Wie viele sind der

Männer und wie groß sind sie, die, zu den Waffen des Krieges bestimmt, für das Zeugnis des Herrn und die Verteidigung der Gesetze der Väter zu ihren Zeiten tapfer gekämpft haben und, ihre Hände dem Herrn weihend im Blut der Ungläubigen, nach dem Schweiß des Krieges den Kampfpreis des ewigen Lebens errungen haben? Daher schaut auf eure Berufung, mögt ihr Brüder im Kriegsdienst oder als Dienende sein, und „jeder" von euch „bleibe bei der Berufung, mit der er berufen worden ist" (1 Kor. 7,20). Und so ordnen wir an, dass Brüder von euch, die einmal das Gelöbnis abgelegt haben und in euer heiliges Kollegium aufgenommen wurden, nach geleisteter Profeß zu eurem Kriegsdienst und nach Annahme des Ordenshabits keine Möglichkeit mehr haben, in die weltlichen Sphären zurückzukehren. Auch soll keiner von ihnen das Recht haben, nach geleisteter Profeß das einmal angenommene Kreuz des Herrn und den Habit eures Bekenntnisses abzulegen oder an einen anderen Ort hinüberzuwechseln, auch nicht zu einem Kloster zum Zwecke eines entweder mehr oder weniger religiös ausgerichteten Lebens, gegen den Willen oder ohne Befragung der Brüder oder dessen, der Meister ist; und keiner kirchlichen oder weltlichen Person soll die Möglichkeit offenstehen, diese bei sich aufzunehmen und zurückzuhalten. Und da ja diejenigen, die Verteidiger der Kirche sind, von den Gütern der Kirche leben und erhalten werden müssen, verbieten wir in jeder Weise, dass von euch gegen euren Willen der Zehnte eingefordert werde, sei es bezüglich beweglicher Habe oder sich selbst bewegender oder allem beliebigen, was zu eurem verehrungswürdigen Haus gehört. Überdies bestätigen wir euch den Zehnten, den ihr nach Beschluß und Übereinkunft der Bischöfe werdet ziehen können durch euren Eifer aus der Hand von Klerikern und Laien, auch den Zehnten, den ihr euch erwerben werdet unter Zustimmung der Bischöfe und deren Klerikern, mit apostolischer Gewähr. Damit euch denn zum vollkommenen Heil und zur Sorge um eure Seele nichts abgehe und die kirchlichen Sakramente und die Pflichten Gott gegenüber in eurem Kollegium bequem durchgeführt werden können, setzen wir in ähnlicher

Weise fest, dass es euch erlaubt sei, ehrenhafte Kleriker und Priester, die in Gott nach eurem Wissen ordiniert sind, woher sie auch kommen, bei euch aufzunehmen und bei euch zu behalten, wie an eurem Hauptsitz, so auch in euren Dependancen und Stellen, die diesen untergeordnet sind, sofern ihr sie, falls sie aus der näheren Umgebung stammen, von den für euch zuständigen Bischöfen erbitten könnt und sie keinem anderen Bekenntnis oder Orden verpflichtet sind. Wenn aber die Bischöfe diese euch einmal nicht zugestehen wollten, dann sollt ihr dennoch unbenommen das Recht haben, diese aufzunehemn und bei euch zu behalten aufgrund der Autorität der Heiligen Römischen Kirche. Falls aber irgendwelche von diesen nach geleisteter Profeß als Unruhestifter in eurem Orden oder Haus auftreten oder sich sogar als unnütz erweisen, dann soll es euch erlaubt sein, sie, in Übereinstimmung mit dem rechtschaffeneren Teil des Kapitels, zu entfernen und ihnen die Möglichkeit zu geben, zu einem anderen Orden überzuwechseln, falls sie dort gemäß Gott zu leben den Wunsch haben, und an deren Stelle andere geeignete Männer als Ersatz zu nehmen. Diese sollen für die Dauer eines Jahres in eurer Gemeinschaft erprobt werden; nach dessen Ablauf sollen sie erst dann, wenn ihre sittliche Gesinnung dies fordert und sie als nützlich für euren Dienst befunden wurden, die Profeß leisten, nach den Regeln mit euch zu leben und ihrem Meister zu gehorchen, und zwar so, dass sie dieselbe Speise und dieselbe Kleidung wie ihr haben sollen und auch Schlafstellen, mit der einen Ausnahme, dass sie geschlossene Gewänder tragen werden. Aber es soll ihnen nicht erlaubt sein, sich unbesonnen einzumischen in Dinge, die euer Kapitel oder euer Haus angehen, es sei denn insoweit sie von euch dazu aufgefordert wurden; auch um das Seelenheil sollen sie sich nur insoweit kümmern, wie ihr sie darum nachgesucht habt. Darüberhinaus sollen sie keiner Person außerhalb eures Kapitels unterstellt sein, dir aber, Robert, geliebter Sohn im Herrn, und deinen Nachfolgern als Meister und seinem Stellvertreter sollen sie in allen und durch alle Dinge Gehorsam leisten. Zusätzlich ordnen wir an, dass ihr die Ordinierungen gerade der Kleriker, die in die heiligen Grade aufsteigen sollen, von jedem Bischof, den ihr wollt, erhalten könnt, falls er katholisch ist und den Segen des Heiligen Stuhles besitzt, der dann, gestützt natürlich auf eure Vollmacht, das einräumen soll, was gefordert wird. Wir verbieten aber, dass diese für Geld oder Gewinn predigen oder dass ihr sie aus Gründen dieser Art zum Predigen aussendet, es sei denn, der Meister des Tempels hat nach Lage der Dinge verfügt, dass dies aus bestimmten Gründen geschehen solle. Alle diejenigen von ihnen, die vollgültig in euer Kollegium aufgenommen werden, werden versprechen, am Ort zu bleiben, ihren Lebenswandel zu ändern und dem Herrn Dienst zu leisten für den Rest ihrer Tage in Gehorsam dem Meister des Tempels gegenüber, was, schriftlich niedergelegt, auf dem Altar seinen Platz finden soll, ebenso wie das den Bischöfen ungeschmälert zustehende bischöfliche Recht, wie es den Zehnten, so auch Spenden und Begräbnisse betrifft. In genau derselben Weise gestehen wir das Recht zu, an Orten, die an den Heiligen Tempel grenzen, wo eure Gemeinschaft lebt, Oratorien zu errichten, in denen sie jedenfalls gerade die Pflichten Gott gegenüber vernehmen soll und wo auch begraben werden soll, wer von euch oder von gerade dieser Gemeinschaft gestorben ist. Denn es ist ungehörig und beinahe schon eine Gefahr für das Seelenheil, wenn Ordensbrüder bei der Gelegenheit des Kirchenbesuchs auf große Scharen von Männern und Frauen in größerer Zahl treffen. Des weiteren verfügen wir mit apostolischer Autorität, dass ihr an jedem Ort, an den ihr kommt, von ehrenhaften und katholischen Priestern das Sakrament der Buße und der Salbungen oder die anderen kirchlichen Sakramente erhalten könnt, in dem Fall, dass euch der Empfang der geistlichen Güter auf irgendeine Weise nicht möglich ist. Da wir in Wahrheit alle „ein Körper in Christus sind" (Röm. 12,5) und „kein" Unterschied „besteht zwischen den Menschen bei Gott" (Kol. 3,25), wünschen wir, dass auch euer Gesinde und eure Diener Teil haben sowohl an der Vergebung der Sünden als auch an anderen Gnadenerweisen und der apostolischen Gnade, die euch erwiesen wurde. Also soll es keinem Menschen erlaubt sein, unbesonnen Unruhe zu stiften an dem vorher genannten Ort oder dessen Besitz zu entfernen oder diesen nach seiner Entfernung zu behalten, auch nicht, ihn zu beeinträchtigen oder durch Gewaltakte zu zerrütten, sondern alles soll in Zukunft unbeschadet bewahrt werden zu eurem Nutzen und dem anderer Gläubiger auf jede Weise. Wenn nun einer im Wissen um den Wortlaut unseres Erlasses es unternommen hat, gegen diesen unbedacht vorzugehen und er seinen Vorwurf nicht nach zweiter oder dritter Ermahnung in angemessener Weise korrigiert hat, soll er der Würde seiner Stellung und seiner Ehre verlustig gehen und erkennen, dass er eines begangenen Unrechts angeklagt ist durch göttliches Urteil und er keine Gemeinschaft mehr hat mit dem heiligsten Leib und Blut unseres Herrn Jesus Christus und er beim Jüngsten Gericht schwerster Bestrafung ausgesetzt ist. Mögen diejenigen, die dies hier beachten, die Gnade und Gunst des allmächtigen Herrn und seiner Heiligen Apostel Petrus und Paulus erhalten. Amen. Amen. Amen.

Ich, Innozenz, Bischof der katholischen Kirche

Ich, Egidius, Bischof von Tusculum

Ich, Konradus, Bischof von Sabina

Ich, Theodewinus, Bischof von S. Rufina

Ich, Albericus, Bischof von Ostia

Ich, Gregorius, Presbyter, Titularkardinal von SS. Apostoli

Ich, Petrus, Presbyter, Titularkardinal von S. Susanna

Ich, Petrus, Presbyter, Titularkardinal von S. Marcellus

Ich, Comes, Presbyter, Titularkardinalvon S. Eudoxia

Ich, Matheus, Presbyter, Titularkardinal von S. Equitius

Ich, Gerardus, Presbyter, Titularkardinal von S. Kreuz zu Jerusalem

Ich, Anselmus, Presbyter, Titularkardinal von S. Laurentius in Lucina

Ich, Littifredus, Presbyter, Titularkardinal von S. Vestina

Ich, Luchas, Presbyter, Titularkardinal SS. Iohannes und Paulus

Ich, Grisogonus, Presbyter, Titularkardinalvon S. Praxedis

Ich, Martinus, Presbyter, Titularkardinal von S. Stephanus auf dem Caelius

Ich, Azo, Presbyter, Titularkardinal von S. Anastasia

Urkunde „Milites templi"

Aus den Querverweisen der Original-Handschrift ist zu ersehen, dass es sich um die älteste bekannte Ausfertigung des Mandats „Milites Templi" handelt. Dieses Formular ist eine der ersten Papsturkunden für die Templer überhaupt.

Innocenz II. gibt dem Meister des Tempels Robert und seinen Brüdern ein Generalprivileg aller ihrer Rechte und Freiheiten.
Laterano 1139 März 29.

INNOCENTIUS EPISCOPUS SERVUS SERVORUM DEI. DILECTIS FILIIS ROBERTO MAGISTRO RELIGIOSE MILITIE TEMPLI; QUOD IHEROSOLIMIS SITUM EST, EIUSQUE SUCCESSORIBUS ET FRATRIBUS TAM PRESENTIBUS QUAM FUTURIS IN PERPETUUM. „Omne datum optimum et omne donum perfectum desursum est descendens a patre luminum, apud quem non est transmutacio nec uicissitudinis obumbracio" (Jak. 1,17). Proinde, dilecti in domino filii, de uobis et pro uobis omnipotentem dominum collaudamus, quoniam in uniuerso mundo uestra religio et ueneranda institutio nuntiatur. Cum enim "natura" essetis "filii irę" (Eph. 2,3) et seculi uoluptatibus dediti, nunc per aspirantem gratiam euuangelii non surdi auditores effecti relictis pompis secularibus et rebus propriis, dimissa etiam "spatiosa uia, quę ducit ad" mortem, arduum iter, quod "ducit ad uitam" (Matth. 7,13.14), humiliter elegistis atque ad comprobandum, quod in Dei militia specialiter computemini, signum uiuifice crucic in uestro pectore assidue circumfertis. Accedit ad hoc, quod tanquam ueri Israelite atque instructissimi diuini prelii bellatores uere karitatis flamma succensi dictum euuangelicum operibus adimpletis, quo dictur: "Maiorem hac dilectionem nemo habet, quam ut animam suam ponat quis pro amicis suis" (Joh. 15,13). Vnde ętiam iuxta summi pastoris uocem animas uestras pro fratribus et, cum nomine censeamini milites Templi, constituti estis a domino catholice ęcclesię defensores et inimicorum Christi impugnatores. Licet autem uestrum studium et laudanda deuotio in tam sacro opere toto corde et tota mente (nach Matth. 22,37) desudet, nichilominus tamen uniuersitatem uestram exortamur in domino ateque in peccatorum remissionem auctoritate Dei et beati Petri apostolorum principis tam uobis quam seruitoribus uestris iniungimus, ut pro tuenda catholica ecclesia et ea, que est sub paganorum tyrannide, de ipsorum spurcitia eruenda expugnando inimicos crucis inuocato Christi nomine intrepide laboretis. Ea etiam, que de eorum spoliis ceperitis, fidenter in usus uestros conuertatis et, ne de hiis contra uelle uestrum porcionem alicui dare cogamini, prohibemus. Statuentes, ut domus seu Templum, in quo estis ad Dei laudem et gloriam atque defensionem suorum fidelium et liberandam Dei ecclesiam congregati, cum omnibus possessionibus et bonis suis, que inpresentiarum legitime habere cognoscitur aut in futurum concessione pontificum, liberalitate regum uel principum, oblatione fidelium seu aliis iustis modis prestante domino poterit adipisci, perpetuis futuris temporibus sub apostolice sedis tutela et protectione consistat. Presenti quoque decreto sanctimus, ut uita religiosa, que in uestra domo est diuina inspirante gratia instituta, ibidem inuiolabiliter obseruetur et fratres inibi omnipotenti domino seruientes caste et sine proprio uiuant et professionem suam dictis et moribus comprobantes magistro suo aut quibus ipse preceperit, in omnibus et per omnia subiecti et obedientes existant. Preterea quemadmodum domus ipsa huius sacrę uestrę institutionis et ordinis fons et origo esse promeruit, ita nichilominus omnium locorum ad eam pertinentium caput et magistra in perpetuum habeatur. Ad hec adicientes precipimus, ut obeunte te, dilecte in domino fili ROBERTE, uel tuorum quolibet successorum nullus eiusdem domus fratribus preponatur nisi militaris et religiosa persona, quę uestrę conuersationis habitum sit professa, nec ab aliis nisi ab omnibus fratribus insimul uel a saniori ac puriori eorum parte, qui preponendus fuerit, eligatur. Porro consuetudines ad uestre religionis et officii obseruantiam a magistro et fratribus communiter institutas nulli ecclesiasticę seculariue persone infringere uel mineure sit licitum. Easdem quoque consuetudines a uobis aliquanto temporis obseruatas et scripto firmatas non nisi ab eo, qui magister est, consentiente tamen saniori parte capituli liceat immutari. Prohibemus autem et omnimodis interdicimus, ut fidelitates, hominia siue iuramenta uel reliquas securitates, que a secularibus frequentantur, nulla ecclesiastica secularisue persona a magistro et fratribus eiusdem domus exigere audeat. Illud autem scitote, quoniam, sicut uestra sacra institutio et religiosa militia diunia est prouidentia stabilita, ita nichilominus nullius uitę religiosioris obtentu ad locum alium uos conuenit transuolare: Deus enim, qui est incommutabilis et ęternus, mutabilia corda non approbat, sed pocius sacrum propositum semel inceptum perduci uult usque in finem debite accionis. Quot et quanti sub militari cingulo et clamide terreni imperii domino placuerunt sibique memoriale perpetuum reliquerunt? Quot et quanti in armis bellicis constituti pro testamento Dei et paternarum legum defensione suis temporibus fortiter dimicarunt atque manus suas in sanguine infidelium domino consecrantes post bellicos sudores eternę uitę brauium sunt adepti? Videte itaque uocationem uestram, fratres tam milites quam seruientes, atque iuxta apostolum "unusquisque" uestrum, "in qua uocatione uocatus est, in ea permaneat" (I. Kor. 7,20). Ideoque fratres uestros semel deuotos atque in sacro collegio uestro receptos post fectam in uestra militia professionem et habitum religionis assumptum reuertendi ad seculum nullum habere precipimus facultatem. Nec alicui eorum fas sit post factum professionem semel assumptam crucem dominicam et habitum uestre professionis abicere uel ad alium locum seu ętiam monasterium maioris siue minoris religionis obtentu inuitis seu inconsultis fratribus aut eo, qui magister extiterit, liceat transmigrare nullique ecclesiasticę seculariue persone ipsos suscipiendi aut retinendi licentia pateat. Et quoniam, qui sunt ecclesie defensores, de bonis ecclesię debent uiuere ac sustentari, de rebus mobilibus uel se mouentibus seu de quibuslibet, que ad uestram uenerabilem donum pertinent, a uobis decimas exigi contra uoluntatem uestram omnimodis prohibemus. Ceterum decimas, quas consilio et consensu episcoporum de manu clericorum uel laicorum studio uestro extrahere poteritis, illas ętiam, quas consentientibus episcopis et eorum clericis acquiretis, uobis auctoritate apostolica confirmamus. Vt autem ad plenitudinem salutis et curam animarum uestrarum nichil uobis desit et ecclesiastica sacramenta et diuina officia uestro sacro collegio commodius exhibeantur, simili modo sanctimus, ut liceat uobis honestos clericos et sacerdotes secundum Deum quantum ad uestram scientiam ordinatos undecumque ad uos uenientes suscipere et tam in principali domo uestra quam etiam in obedientiis et locis sibi subditis uobiscum habere, dummodo, si e uicino sunt, eos a propriis episcopis expetatis idemque nulli alii professioni uel ordini teneantur obnoxii. Quod si episcopi eosdem uobis concedere forte noluerint, nichilominus tamen eos suscipiendi et retinendi auctoritate sancte Romanę ecclesię licentiam habeatis. Si uoro aliqui horum post factam professionem turbatores religionis uestrę aut domus uel ętiam inutiles apparuerint, liceat uobis eos cum saniori parte capituli amouere eisque transeundi ad alium ordinem, ubi secundum Deum uiuere uoluerint, licentiam dare et loco ipsorum alios idoneos substituere. Qui ętiam unius anni in uestra societate spatio probentur; quo peracto, si mores eorum exigerint hoc et ad uestrum seruicium utiles inuenti fuerint, tune demum professionem faciant regulariter uiuendi et magistro suo obediendi, ita tamen, ut eundem uictum et uestitum uobiscum habeant necnon lectisternia excepto eo, quod clausa uestimenta portabunt. Sed nee ipsis liceat de capitulo uel cura domus uestrę se temere intromitere, nisi quantum a uobis eis fuerit iniunctum; curam quoque animarum tantum habeant, quantum a uobis fuerint requisiti. Preterea nulli persone extra uestrum capitulum sint subiecti, tibi, dilecte in domino fili ROBERTE, tuisque successoribus tanquam magistro et prelato suo in omnibus et per omnia obedientiam deferant. Precipimus insuper, ut ordinationes eorumdem clericorum, qui ad sacros gradus fuerint promouendi, a quocumque uolueritis catholico suscipiatis episcopo, si quidem catholicus fuerit et gratiam apostolice sedis habuerit, qui nimirum nostra fultus auctoritate, quod postulatur, indulgeat. Eosdem autem pro pecunia predicare aut lucro uosque pro eiusmodi causa eos ad predicandum mittere prohibemus, nisi forte magister Templi, qui pro tempore fuerit, certis ex causis id faciendum esse prouiderit. Quicumque sane ex his in uestro collegio suscipientur, stabilitatem loci, conuersionem morum seque militaturos domino diebus uitę suę sub obedientia magistri Templi posito scripto super altare, in quo contineantur ista, promittent, saluo quoque episcopis iure episcopali tam in decimis quam in oblationibus et sepulturis. Nichilominus concedimus facultatem in locis sacro Templo collatis, ubi familia uestra habitat, oratoria construere, in quibus utique ipsa diuina officia audiat ibique, si quis ex uobis uel ex eadem familia mortuus fuerit, tumuletur. Indecens enim est et animarum periculo proximum religiosos fratres occasione adeunde ęcclesię se uirorum turbis et mulierum frequentie immiscere. Decernimus insuper auctoritate apostolica, ut apud quemcumque locum uos uenire contigerit, ab honestis atque catholicis sacerdotibus penitentiam, unctiones seu alia quelibet sacramenta ecclesiastica suscipere liceat, ne forte ad perceptionem spiritualium bonorum uobis quippiam deesse ualeat. Quia uero omnes "in Christo unum sumus" (Röm. 12,5) et "non est personarum" differentia "adpud Deum" (Kol. 3,25), tam remissionis peccatorum quam alterius beneficentię atque apostolice benedictionis, que uobis indulta est, etiam familias et seruientes uestos uolumus esse participes. Nulli ergo hominum liceat predicum locum temere perturbare aut eius possessiones auferre uel ablatas retinere, minuere aut aliquibus uexationibus fatigare, sed omnia integra conseruentur uestris atque aliorum Dei fidelium usibus omnimodis profutura. Si quis igitur huius nostrę constitutionis paginam sciens contra eam temere uenire temptauerit, secundo tertioue commonitus, nisi reatum suum congrua satisfactione correxerit, potestatis honorisque sui dignitate cognoscat et a sacratissimo corpore ac sanguine domini nostri Ihesu

Christi alienus fiat atque in extremo examine districte ultioni subiaceat. Conseruantes autem hęc omnipotentis Dei et beatorun Petri ac Pauli apostolorum eius benedictionem et gratiam consequantur. AMEN. AMEN. AMEN.

R. Ego Innocentius catholice ecclesie episcopus ss. BV.

    † Ego Egidius Tusculanus episcopus ss.

    † Ego Conradus Sabinensis episcopus ss.

    † Ego Theodewinus sancte Rufinę epicopus ss.

    † Ego Albericus Hostiensis episcopus ss.

† Ego Gregorius presbiter cardinalis tit. Apostolorum ss.

† Ego Petrus presbiter cardinalis tit. Susannę ss.

† Ego Petrus presbiter dardinalis tit. sancti Marcelli ss.

† Ego Comes presbiter cardinalis tit. Eudoxię ss.

† Ego Matheus presbiter cardinalis tit. Equitii ss.

† Ego Gerardus presbiter cardinalis tit. sanctę Crucis in Iherusalem ss.

† Ego Anselmus presbiter cardinalis tit. sanctę Laurentii in Licina ss.

† Ego Littifredus presbiter cardinalis Vestine ss.

† Ego Luchas presbiter cardinalis tit. sanctorum Iohannis et Pauli ss.

† Fgo Grisogonus presbiter cardinalis sanctę Praxedis ss

† Ego Martinus presbiter cardinalis tit. sancti Stephani in Celio monte ss.

† Ego Azo presbiter cardinalis tit. Sanctę Anastasię ss.

Einleitung

Der Templerorden hat in allen Jahrhunderten nach seiner Aufhebung Menschen fasziniert. Vor allem seine historisch nicht zu belegende Weiterführung im Verborgenen hat über alle Jahrhunderte hinweg zu Spekulationen geführt.

Die hier in deutscher Übersetzung vorgelegte ‚Satzung der Ritter des Templerordens' aus dem Jahre 1705 erschien in gedruckter Form 1840 in Brüssel und kursiert heute mit einem maschinen geschriebenen Vorwort eines Herrn Robert-Pierre Van Oproy. Dieser gibt sich als magistraler Großprior des Templerordens in Belgien zu erkennen.

In ihrem Duktus ist die Satzung eindeutig dem frühen 18 Jahrhundert zuzuordnen. Der deutlich erkennbare und detailliert beschriebene hierarchische Aufbau des Ordens atmet den Geist der französischen aristokratischen Gesellschaft des frühen 18. Jahrhunderts. So verwundert es nicht, wenn sie 1705 mitten in der Hochblüte des französischen Absolutismus am Hofe des französischen Königs Ludwig XIV. in Versailles entstand. Sie belegt anschaulich die über alle Jahrhunderte nach Aufhebung des Ordens andauernde Beschäftigung mit dem Phänomen Templerorden.

Die Satzung regelt einen internationalen Aufbau des Ordens und ist keineswegs auf das damalige französische Staatsgebiet beschränkt. Das Verhältnis der einzelnen nationalen Priorate zueinander sowie die Entscheidungsabläufe werden detailliert beschrieben.

Einige Bezeichnungen oder Titel für Würdenträger sind historisch nicht nachvollziehbar. Auch die Kleiderordnung ist dem heutigen modernen Menschen fremd und regt in Teilen zum Schmunzeln an. Das in der Satzung genannte Kleidungsstück ‚Baltée' war in deutscher Übersetzung nicht ausfindig zu machen.

Es ist das Verdienst des Übersetzungsbüros Schwager in Neuss, diesen schwierigen Text vom Französischen ins Deutsche übersetzt zu haben. So oblag mir lediglich die Korrektur der Übersetzung in Bezug auf die im historischen Orden verwendeten Begriffe und Bezeichnungen. Allerdings werden in dieser Satzung auch Titel und Begriffe verwendet, die dem historischen Orden fremd waren. So ist der französische Titel ‚Prince' (hier als Prinz und nicht als Fürst übersetzt) ein eindeutiger Bezug zum Absolutismus französischer Spielart.

Die in weiten Teilen nur im Kontext der historischen Gegebenheiten des frühen 18. Jahrhunderts verständliche Text zeigt überzeugend, dass es bereits vor drei Jahrhunderten den Wunsch gegeben hat, die Ideen und Strukturen des alt ehrwürdigen Ordens der Tempelherren wieder aufleben zu lassen.

ORDEN

DER

TEMPELRITTER

Brüssel
Druckerei des Templerordens
722 (1840)

Orden der Tempelritter

Von Gottes Gnaden grüße ich alle jene, die dieses lesen, Gruß, Gruß, Gruß.

Seit Jahren bin ich im Besitz von Fotokopien der ,Satzung der Ritter des Templerordens', vom Jahr 1705, neu gedruckt im Jahr 1840 und abermals neu gedruckt im Jahr 1960 durch den ehemaligen Großmeister Bruder Pinto de Fontes.

Die Anweisungen, die mir zunächst erteilt wurden, verboten es mir, die Satzung zu verbreiten, dann zweitens dies so auszuführen, dass ich die Satzung so weit wie möglich respektieren ließe und drittens in dem Maße meiner Mittel und der verschiedenen Positionen, die ich innerhalb des Ordens innehatte, die verschiedenen Veränderungen zu notieren, die durch nicht zuständige ,Würdenträger' vorgenommen wurden, die hieran solche Änderungen vornahmen, dass die wirkliche Satzung nicht mehr erkennbar war!

Die zahlreichen sogenannten ,Verbesserungen' wurden durch den französischen Clan OSMTJ vorgenommen, dann durch OSMTH, aber nicht durch den Großmeister (der die ,Satzung von 1705' kannte und hieran keine Änderung vornahm), der die Satzung aber nicht anerkannte (!).

Dann wurden nacheinander weitere Änderungen durch den verstorbenen ehemaligen Legaten Bodart vorgenommen, durch den ehemaligen Großprior Spiette, den ehemaligen Großprior Cocriamont und den Ritter Eischenne, der die abschließende Bearbeitung vornahm, durch die die ,Satzung' unzusammenhängend und vollkommen abweichend von dem vorliegenden Original wurde.

Vor kurzem, während einer Sitzung mit den Brüdern und Würdenträgern des geheimen Groß-Magistrats wurde beschlossen und mir
der Auftrag erteilt, die ‚alte Satzung' bekannt zu machen, um den
im 20. Jahrhundert fehlenden Zusammenhang der ‚Satzung' und
der ‚Regeln' des heutigen 20. Jahrhunderts nachzuweisen, die so
oft geändert und wie man sagt ‚angepaßt' wurden!

Ich habe mich also in den Dienst der Brüder des geheimen
Groß-Magistrats begeben, um allen von der vorliegenden
‚Satzung 1705' des Ordens Kenntnis zu geben, wo kein ‚Iota'
entfernt oder geändert worden ist.

Ich hoffe, dass die ‚Brüder und Würdenträger' hieraus die
sich aufdrängenden Schlussfolgerungen so schnell wie möglich
ziehen.

Bruder Robert-Pierre Van Oproy
Großkreuzritter
Magistraler Großprior von Belgien
Mitglied des Großen Rates des Ordens.

Im Auftrag: Der Schriftführer
                Bruder Jean.

SATZUNG

der

RITTER

des

TEMPLERORDENS

bestehend aus den in den Generalkonventen sanktionierten und in einem einzigen Kodex durch den Generalkonvent von Versailles im Jahr 586 (1705) zusammengefassten Vorschriften.

Vorwort

Die allgemeine Satzung, die durch den Generalkonvent in Versailles im Jahres des Ordens 586 (1705 nach Christi Geburt) kurz nach der Wahl des Großmeisters Philippe verfügt wurde (S.A.R. der Graf von Orléans, seitdem Regent des Königreiches Frankreich), wurde in lateinischer Sprache verfaßt und hatte als Grundlage die alte Satzung und die Vorschriften der ‚Heiligen Miliz', die Regel des Heiligen Vaters Bernard und die ursprüngliche Satzung, über die in Jerusalem in den ersten Jahren der Existenz des Ordens in der Zeit von 1118 bis 1128 nach Christi Geburt abgestimmt wurde (im Jahr 1 bis 10 des Templerordens).

Die Regierung des letzten Großmeisters Bernard Raymond, dessen Satzung von 586 die Pläne des widerrechtlichen Eingriffes und des Despotismus gelähmt hätte, Projekte, die später in 1811 realisiert wurden, hat niemals zulassen wollen, dass die allgemeine Satzung gedruckt wurde, weder in ihrem lateinischen Text, noch in der amtlichen Übersetzung, die hiervon der Sekretär des Magistrats anfertigte und deren Urform durch den Sekretär des Magistrats unterzeichnet wurde, der damals im Amt war (den Bruder Auguste Savinien aus Japan, durch den Ritter Le Blond aus Lothringen), und man hat auch nicht die Entscheidung ausgeführt, die unter der Großmeisterwürde seines berühmten Vorgängers, dem Großmeister Charles Louis, getroffen wurde, der diese Veröffentlichung anordnete.

Herr Auguste, Bailli aus Flandern, Konsistorialberater, Großmarschall des Ordens, glaubt, eine nützliche Sache auszuführen, indem er mit Genehmigung und Gegenzeichnung durch S.E.M. den Großpräzeptor von Südafrika, magistraler Legat in Belgien, und nach einer authentischen Ausfertigung, die ihm durch die Regierung des Ordens gegeben wurde, die französische Übersetzung der allgemeinen Satzung von 586 veröffentlichte und indem er gleichzeitig unter

Berücksichtigung der Übersetzung die griechischen und lateinischen Texte von sakramentalen Passagen und des Gelübdes der Ritter lieferte.

Es wurde als notwendig angesehen, diesem auch einige Urkunden, Aktenstücke und Hauptdokumente beizufügen, wie z. B. die Charta der Übertragung, die Urkunde der Inthronisierung des Großmeisters Charles Louis, die Übereinstimmung des Templerkalenders oder des hebräischen Kalenders mit dem gregorianischen Kalender usw., sodass es unerläßlich ist, dass die Ritter hiervon einwandfreie Kenntnis haben und von dieser Veröffentlichung eine Art Handbuch zum Gebrauch aller Mitglieder der Heiligen Miliz des Templerordens machen werden.

TEMPLERORDEN

SATZUNG

der Ritter des Templerordens

bestehend aus den Vorschriften, die in den Generalkonvents sanktioniert wurden und die in einem einzigen Kodex durch den Generalkonvent von Versailles im Jahr 586 (1705) zusammenge-faßt wurden.

A. M. D. G.

PHILIPPE, Großmeister der Templermiliz; Jean-Hercule D'Afrique, Generalleutnant; François-Louis-Léopold D'Europe, Generalleut-nant; Marie-Louis D'Amérique, Generalleutnant; Henri D'Asie, Generalleutnant,

Von Gottes Gnaden und mit der Zustimmung unserer Brüder, souveräne Prinzen des Ordens,

Wir grüßen alle jene, die diese Satzung lesen.

Der Generalkonvent der Ritter des Templerordens, gehalten in Versailles am 29. des ‚Lune d'Adar', dem Jahr des Ordens Fünfhun-dertsechsundachtzig, hat diese Regeln zusammengefaßt, um hieraus die Satzung des Ordens zu bilden.

Kapitel I

über den Orden

Art. I – Der Orden der Ritter vom Tempel (Templi Commilitonum) setzt sich aus allen Rittern (Equites), die nach den Regeln, den Riten und den Gewohnheiten des Ordens aufgenommen und geweiht wurden.

2. Der Orden der Ritter vom Tempel ist bezeichnet, sowohl nach Außen hin als auch in den Häusern der unteren Miliz, unter dem Namen des Ordens vom Orient (Orientis Ordo).

3. Der Orden wird geführt nach den souveränen Akten, als da wären:
die durch den heiligen Bruder Bernhard geschriebene Regel; die Charta der Übertragungen, herausgegeben vom Großmeister in glorreicher Erinnerung an Jean-Marc, den 13. Februar 1324 und unterschrieben durch die Großmeister und deren Nachfolger; die vom Generalkonvent beschlossenen Regeln und Gesetze, in Übereinstimmung mit den Artikeln sieben und neun des dritten Kapitels und die magistralen Dekrete.

4. Die Waffen des Ordens sind diejenigen Waffen, die ihm durch den souveränen Pontifex Eugenius III. gegeben wurden, worin schriftlich zu Anfang der Charta der Übertragungen das Kreuz einbezogen wurde.

5. Bei allen Akten werden die Waffen des Ordens angelegt.

6. Die souveränen Akten können mit den alten Ordenssiegeln gesiegelt werden, als da wären: das Siegel des Großmeisters Jean, das Siegel des Kreuzritters und das Siegel des heiligen Johannes.

7. Die Großstandarte des Ordens, genannt Beaucéan (Baucennus), ist weiß, und trägt das Kreuz des Ordens.

8. Die Kriegsstandarte ist gezeichnet in weiß und in schwarz.

Kapitel II

über die Hierarchie des Ordens

Art. I – Die Hierarchie des Ordens setzt sich zusammen aus dem Generalkonvent; dem Magistrat oder souveränen Rat; dem präzeptoralen Hof; dem ständigen Rat; den Großprioraten; den Ballein; den Komtureien; den Klöstern oder Häusern der Ritter oder der Novizen; den Kapiteln; den Postulanten; den Häusern der Weihe; und für die Ritter oder ritterlichen Damen, der Abteien.

Kapitel III

über den Generalkonvent

Art. I – Der Generalkonvent (Conventus Generalis) setzt sich aus der Gemeinschaft aller Ritter zusammen.

2. Jede Zusammenkunft des Generalkonvents wird mindestens 6 Monate voher angezeigt, durch einen Rundbrief an den Prior eines jeden Konvents, welcher Prior dann gehalten ist, alle ihm untergebenen Ritter davon zu unterrichten.

3. Das Dekret der Zusammenkunft wird durch den magistralen Sekretär an den Groß-Konnetabel gerichtet, welcher, zusammen mit dem General-Gouverneur und dem Großmeister, gehalten ist, diese Nachrichten auszuführen.

4. Der Generalkonvent versammelt sich nur aufgrund eines magistralen Dekrets, außer in den Fällen die in Artikel 5 dieses Kapitels vorgesehen sind.

5. Bei einer vorkommenden Vakanz der Position des Großmeisters, der Position des General-Leutnants oder der Position des Primas, und nachdem der Generalkonvent nach Ablauf von dreihundert Tagen nicht zusammengetreten ist, versammelt sich der Generalkonvent mit allen Rechten am dreihundertersten Tag, genau um zehn Uhr morgens im magistralen Palast, unter Vorsitz des würdigsten Ritters unter denjenigen, die anwesend sind.

6. Im Generalkonvent gibt es keinen Vorschlag, der nicht mindestens dreißig Tage vor der Zusammenkunft in den Registern des Magistrats angezeigt wurde. Solcherlei angezeigten Vorschläge bestehen im Commentarium des Generalkonvents.

7. Ausschließlich im Generalkonvent werden Regeln beschlossen oder geändert und diese gelten nur als beschlossen und geändert, wenn die zustimmenden Stimmen mindestens um ein Achtfaches der ablehnenden Stimmen höher sind.

8. Die Regeln können nur geändert werden auf Vorschlag des Magistrats; die Regeln des heiligen Vaters Bernhard, die Charta der Übertragungen unterliegen keinerlei Änderungen, sofern diese nicht das höhere und grundsätzliche Interesse des Ordens betreffen, und nach Beschluß der beiden Generalkonvente und in Übereinstimmung mit Artikel 7 des vorliegenden Kapitels.

9. Ausschließlich im Generalkonvent und mit Mehrheit der Stimmen werden Gesetze beschlossen, geändert oder annulliert, und in gleicher Weise werden magistrale Dekrete beschlossen oder annulliert, welche mindestens dreißig Tage zuvor in den Registern des Groß-Senechals angezeigt wurden.

10. Die Kandidaten für das Amt des Großmeisters, eines General-Leutnants oder der Position eines vakanten Primas, werden dem Generalkonvent vorgeschlagen, gemäß den Artikeln 5 und 6 des Kapitels V und gemäß Artikel 2 des Kapitels VIII.

11. Der Großmeister führt den Vorsitz im Generalkonvent.
Wenn der Großmeister nicht vorsitzt, durch einen der General-Leutnants, im Fall der Abwesenheit der Prinzen obliegt der Vorsitz dem an Würde höchsten Ritter unter den Anwesenden.

12. Im Generalkonvent obliegt die Protokollführung dem zuletzt empfangenen der anwesenden Großpräzeptoren und im Fall ihrer Abwesenheit demjenigen der anwesenden Ritter, der nach dem Präsidenten die höchste Würde hat.

13. Wenn es eine Stimmengleichheit im Generalkonvent gibt, entscheidet der Magistrat.

14. Die Handlungen des Generalkonvents werden keineswegs unwirksam durch das Fehlen eines oder mehrerer Ritter. Die Handlungen sind voll und ganz wirksam.

15. Der Generalkonvent wird aufgelöst, sobald das ‚Commentarium‘ erschöpft ist.

16. Der Magistrat kann die Sitzung des Generalkonvents verlängern.

Kapitel IV

über die Großmeisterwürde oder den Souveränen Rat

Art. 1 – Der Magistrat oder der Souveräne Rat (Magisterium seu Consilium Supremum) besteht aus den Prinzen des Ordens.

2. Der Großmeister beruft den Magistrat nach seinem Willen ein oder auf Verlangen eines der Generalleutnants .

3. Der Magistrat steht unter dem Vorsitz des Großmeisters oder, wenn der Großmeister den Vorsitz nicht führt, einem der Generalleutnants .

4. Beim Tod des Großmeisters und bis zur Einführung seines Nachfolgers werden die Funktionen des Großmeisters durch denjenigen der Generalleutnants ausgeübt, der bereits der am längsten gewählte ist.

5. Die Dekrete des Magistrats werden mit der Mehrheit der Stimmen gefaßt, ausgenommen Artikel 21 des vorliegenden Kapitels, und kein Dekret wird erlassen, wenn der Großmeister nicht im Souveränen Rat mit den vier Generalleutnants anwesend ist, sofern die Vertretung legitim ist.

6. Jeder der Abstimmenden im Souveränen Rat unterzeichnet im Register, ausgenommen das Recht, hier die Nichtzustimmung niederzulegen.

7. Wenn der Sekretär des Magistrats im Souveränen Rat nicht hinzugezogen wird, erfolgt die Protokollführung durch einen der Generalleutnants.

8. Ein Generalleutnant, der im Palast des Magistrats fehlt, aber nicht in der Stadt des Magistrats, wird durch seinesgleichen über die zu entscheidenden Punkte unterrichtet, und seine schriftliche Stimme (manu propria) wird für die Abstimmung mitgezählt.

9. Ein Generalleutnant, der nicht in der Stadt des Magistrats ist, kann einen schriftlichen Vorschlag vorlegen (manu propria), und dieser Vorschlag wird bei der Abstimmung mitgezählt.

10. Ein Generalleutnant muß seine Abwesenheit dem Magistrat durch ein Rescript melden (manu propria), und er wird durch den Oberpräzeptor vertreten. Dieselbe Vertretung erfolgt in einem dringenden Fall oder nach einer Abwesenheit von drei Monaten, die nicht gemeldet worden ist.

11. Bei Abwesenheit von zwei Generalleutnants wird einer der Großpräzeptoren mit dem Oberpräzeptoren berufen.

12. Die Dringlichkeit ebenso wie die Abwesenheit des Generalleutnants und die Intervention seines Vertreters werden in den Registern des Magistrats verzeichnet.

13. Beim Tode eines Generalleutnants und bis zur Einführung seines Nachfolgers werden die Funktionen des Generalleutnants durch den Oberpräzeptor unter dem Vorbehalt der Immunitäten, Ehren und Privilegien gleich welcher Art der Würde wahrgenommen.

14. Der Magistrat leitet die Gesamtheit des Ordens und regiert durch seine Dekrete: er läßt die Vorschriften und Gesetze ausführen, die durch die Generalkonvente aufgestellt worden sind. Er genehmigt oder hebt auf die Urteile der Präzeptoren, die satzungsmäßigen Erlasse und die Handlungen der Großprioren, der Balleien, der Komtureien, der Konvents, der Abteien und der unteren Häuser.

15. Der Magistrat kennt alle Angelegenheiten des Ordens durch den Bericht der Großpräzeptoren.

16. Der Magistrat entscheidet über alle allgemeinen Ausgaben.

17. Der Magistrat allein ist berechtigt, die Vorschriften und Gesetze auszulegen, und seine Interpretation bleibt wirksam bis zu einer anders lautenden Entscheidung des Generalkonvents.

18. Die Konvente, die Kapitel, die Häuser der Einführung, die Abteien und alle Brüder und Schwestern des Ordens, die keineswegs die Würde des Großmeisters oder des Generalleutnants haben, können durch den Magistrat gegebenenfalls mit einem Verbot belegt werden.

19. Ein Prinz kann nur durch seinesgleichen angeklagt und nur durch einen Generalkonvent verurteilt werden.

20. Die durch das präzeptorale Gericht verkündeten Strafen können durch den Magistrat erlassen werden.

21. Jedes Amt des Ordens, über dessen Verleihung die Satzung nichts aussagt, wird durch Magistrat an den Ritter übertragen, den er hiermit betrauen will.

22. Der Magistrat kann mit Einstimmigkeit jeden aufnehmen, der ihm gefällt, mit gleich welchem Grad dies auch sein mag. Die Aufnahme erfolgt nach dem Inhalt des Magistral-Dekrets im Konvent, im Kapitel oder im Einführungshaus für den aufgenommenen Bruder ebenso wie in der Abtei für die aufgenommene Schwester: Dispens kann sogar erteilt werden für die Zeremonien und vorgeschriebenen Bräuche für die Aufnahme. Unter dem Vorbehalt allerdings der Weihe des Ritters, den niemand aufnehmen kann, ohne dass dieser die feierlichen Gelübde abgelegt hat.

23. Der Magistrat allein bestätigt durch Patentbriefe die Profeß der Ritter und Ritterinnen.

24. Der Magistrat kann Magistrale Legate (Legati Magistrales) über die gesamte Erde verschicken.

25. Der Magistrat kann Nuntii zu jeder Regierung entsenden.

26. Die Zuweisungen der Legate und derjenigen der Nuntii werden durch magistrale Schreiben bestimmt.

27. Der Oberpräzeptor, die acht Großpräzeptoren, der Primas, die vier Generalkoadjutoren, der Groß-Seneschall und der Sekretär des Magistrats sind Berater des Magistrats und Minister des Ordens (Consiliarii Magistrales, Ordinis Ministri). Wenn sie zum Souveränen Rat einberufen werden, haben sie eine beratende Stimme und keine Beschlußstimme, ausgenommen die Fälle, die für den Primas vorgesehen sind, Artikel 5 von Kapitel V, und für die Großpräzeptoren, Artikel 10, 11 und 13 dieses Kapitels.

28. Das große und das kleine Siegel des Magistrats bestehen aus den Waffen des Ordens.

Kapitel V

die Prinzen

Art. 1 – Die Prinzen des Ordens sind ein Großmeister (Supremus Magister) und vier Generalleutnants (Supremi Vicarii Magistri).

2. Ebenso wie der Großmeister haben die Generalleutnants die Ermächtigung, und sie genießen jeder Privilegien, Vorrechte, Immunitäten und Ehren, die mit der Souveränität verbunden sind.

3. Die Prinzen werden auf Lebenszeit gewählt.

4. Der Großmeister wird im Generalrat unter den Rittern, die sich zur katholischen, apostolischen und römischen Religion bekennen, ausgenommen den Primas ebenso wie die Generalkoadjutoren und die Kaplane, gewählt.

5. Die Wahl des Großmeisters erfolgt so:

Der Generalkonvent schlägt als Kandidaten fünf Ritter vor. Drei der fünf Kandidaten werden durch den satzungsmäßigen Rat bestimmt. Der Magistrat wählt einen der drei Bestimmten aus. Im Fall der Stimmengleichheit im Magistrat für zwei Kandidaten wählt der herbeigerufene Primas einen von den beiden aus.

Wenn die Wahl so stattgefunden hat, wird der gewählte Ritter durch den Präsidenten dem Generalkonvent als Großmeister der Miliz des Tempels verkündet.

6. Die Wahl der Generalleutnants erfolgt im Generalkonvent wie folgt:

Der Generalkonvent bezeichnet fünf Kandidaten unter den Großpräzeptoren, ohne hiervon den Oberpräzeptor auszunehmen, und die Wahl wie nach Artikel 5 des vorliegenden Kapitels zu Ende geführt.

7. Die feierliche Einsetzung der Prinzen erfolgt so:

Die Minister des Ordens, der Großkonnetabel, der Großadmiral, der General-Großprior, der Groß-Bailli, der Großgouverneur, der Groß-Baucéan, der Groß-Kammerherr, die Großmeister der Zeremonien werden den gewählten Prinzen im Profeßsaal abholen und ihn in den Tempel zum Betpult führen.

Der Sekretär des Magistrats verliest die Wahlentscheidungen.

Wenn der gewählte Prinz seine Ernennung angenommen hat, fällt er auf die Knie. Der Primas, unterstützt durch die Generalkoadjutoren, rezitiert den fünfundsechzigsten Psalm, legt die Gelübde für den gewählten Prinzen ab und segnet ihn, indem er sagt:

Benedictio Patris +, et Filii +, et Spiritus + Sancti descendat super te et maneat semper. Amen.

„Dass der Segen des Vaters, des Sohnes und des Heiligen Geistes auf Sie herabsteige und dort immer bleibe. Amen."

Er legt ihm die Hände auf und sagt:
[Eine Zeile in griechischer Sprache!]

„Labe Pneuma Agion an tinón aphês tas amartias, para ton stratiaticon nomon, aphientai autois: an tinôn kratês, kekratentai."

„Empfangt den Heiligen Geist und dass die Fehler gegen die Disziplin des Ordens jenen erlassen werden, denen Sie diese erlassen werden; und dass im Gegensatz hierzu die Fehler für jene aufrechterhalten werden, für die Sie diese aufrechterhalten werden."

(Die Auferlegung dieser Pflicht erfolgt nicht, wenn der gewählte Prinz diese bereits empfangen hat.)

Er weiht ihn durch die Gabe von heiligem Öl auf den Kopf, indem er sagt:
Ungatur et consecretur caput tuum coelesti benedictione in ordine Patriarchali, in nomine Patris +, et Filii +, et Spiritus + Sancti. Amen.

„Damit Ihr Kopf geölt werde und geweiht werde durch den himmlischen Segen in der patriarchalischen Ordnung, im Namen des Vaters, des Sohnes und des Heiligen Geistes. Amen."

(Diese Weihung erfolgt nicht, wenn der Fürst diese bereits empfangen hat: er wird nur zum Patriarchen proklamiert.)

Der Primas betet dann, indem er sagt:
Christe, qui perunxisti hunc Patriarcham oleo sancto unde uncti fuerunt Sacerdotes et Pontifices, perunge illum oleo sancto unde unxisti Reges et Principes qui per fidem vicerunt regna, operati sunt justitiam, adepti sunt repromissiones. Tua sanctissima unctio super caput ejus defluat, atque interiore descendat et cordis illius intima penetret ut promissionibus quas adepti sunt religiosissime Reges et Principes gratia tua ignus efficiatur, quatenus et in praesenti saeculo feliciter regnet et ad eorum consortium, in coelesti regno perveniat: Per Christum Dominus nostrum. Amen.

„Christus, der diesen Patriarchen ölte mit dem heiligen Öl, mit dem die Priester und Bischöfe geölt wurden, öle ihn mit dem heiligen Öl, mit dem Du die Könige und Fürsten geölt hast, die mit dem Glauben Königreiche besiegt haben, die die Gerechtigkeit anwendeten und Verheißungen erwarben: damit ihre heilige Ölung auf das Haupt läuft, dass es ins Innere eindringt und dass sie in das Herz hinabsteigt und dass durch Eure Gnade er würdig wird der Verheißungen, die die religiösesten Könige und Fürsten erhielten, damit er glücklich in diesem Jahrhundert lebt und an ihrem Glück im himmlischen Königreich teilnimmt. Im Namen von Christus, unserem Herrn. Amen.“

> Intelligitur his verbis Potestas Magistralis remittendi aut retinendi culpas contra disciplinam Ordinis; non autem Potestas Ecclesiastica aut Sacerdotalis; quod est a Primate nuntiandum.

Man versteht unter diesen Worten die Macht, die der Großmeister besitzt, um Verstöße gegen die Disziplin des Ordens zu erlassen oder beizubehalten, und hierunter versteht man nicht eine kirchliche oder priesterliche Macht. Dies muß klar durch den Primas ausgesprochen werden.

(Intime Regeln, erteilt durch S. E. den Primas G. Mauviel.)

Nach Beendigung des Gebetes nimmt er die Ölung auf dem Kopf, der Brust, dem Rücken, den Schultern und den Armen vor und sagt hierbei:

Ungo te in Principem de olio sanctificato: in nomine Patris, et Filii et Spiritus Sancti. Amen.

„Ich öle dich, und weihe dich, Prinz, mit dem heiligen Öl im Namen des Vaters, des Sohnes und des Heiligen Geistes. Amen."

Schließlich beendet er die Ölung auf den Händen und sagt:

Ungantur manus istae de oleo sanctificationis, unde uncti fuerunt Reges et Prophetae, et sicut unxit Samuel David in Regem et Prophetam, ut sis benedictus et constitutus Princeps in regno Christi, evangelisans per universum orbem, quem Dominus Deus tuus dedit tibi ad regendum auctoritate apostolica et potestate magistali. Sit dextra tua Gladio sancto tremenda. Sit altera Cruce Sancta potens: Quod ipse praestare dignetur, qui vivit et regnat Deus, per omnia saecula saeculorum. Amen.

„Dass diese Hände mit dem heiligen Öl geölt werden, mit dem die Könige und Propheten geweiht wurden, wie Samuel David, König und Prophet, damit du gesegnet wirst und ein Fürst im Königreich von Christus wirst, in dem du das Evangelium verkündest und Gutes auf der ganzen Erde tust, damit der Herr dein Gott dich herrschen läßt durch die Autorität des Apostels und die Macht des Großmeisters. Damit deine rechte Hand durch das heilige Schwert gefürchtet wird und die linke Hand mächtig sei durch das heilige Kreuz.
Mögen diese Gaben dir bestätigt werden durch jenen, der lebt und der herrscht in allen Jahrhunderten. Amen."

Danach beräuchert er den geweihten Prinzen mit Weihrauch.

Dann werden beigebracht das Buch de Evangelien, die Regeln des Heiligen Vaters Bernard, die Charta der Übertragung, die Satzung, die Reliquien der Märtyrer und das Schwert, auf die der geweihte Prinz den Eid leistet.

Ego, N. , militiae Templi gubernacula paterna pietate tenere, Crucem Sanctam tueri, Regulas Sancti Patres Bernardi, Chartam Transmissionis, Ordinis Statuta, Regulas, Leges, Decretaque singula servare, executioni mandare; vires et vitam in Ordinis singulorumque Fratrum, honorem, tutelam et salutem impendere Volo, Dico, Juro.

„Ich, N., ich will, ich sage, und ich schwöre, mit väterlicher Liebe die Führung der Miliz des Templerordens vorzunehmen: das heilige Kreuz zu verteidigen, über die Erhaltung, die Aufrechterhaltung und Ausführung der Regeln des Heiligen Vaters Bernard zu wachen, über die Übertragungscharta, die Satzung des Ordens, die Regeln, die Gesetze und verschiedenen Dekrete und schließlich meine Kräfte und mein Leben der Ehre, der Verteidigung und dem Heil des Ordens und aller meiner Brüder zu widmen."

Unverzüglich erhält der geweihte Prinz aus den Händen des Primas mit Ausnahme des Schwertes und des Diadems den magistralen Ornat.

Die Prinzen steigen vom Thron herab, nähern sich dem Betpult und legen gemeinsam dem geweihten Prinzen das Diadem auf den Kopf, bewaffnen seine rechte Hand mit dem Schwert des sehr glorreichen Meisters und Märtyrers Jacques und das Kreuz in seine linke Hand.

Der vorsitzende Prinz erklärt:
Ad Majorem Dei Gloriam Patris et Filii et Spiritus Sancti, in nomine

Illustrissimorum et Sacratissimorum Dominorum Patrum notrorum, Sancti Joannis-Baptistae et Sancti Joannis Apostoli, accipe, Frater dilectissime, potestatem apostolicam et Auctoritatem Magistralem, quas accepimus ab Illustrissimis et Sacratissimis Dominis Fratribus et Praedecessoribus nostris (quibus honor et gloria.) Amen.
Vive, Frater, et regna in pace et in fide illius, qui vivit et regnat in saecula saeculorum. Amen.

„Zum höchsten Ruhm von Gott, Vater, Sohn und Heiligem Geist, im Namen unserer illustren und hochheiligen und geweihten Herren und Väter St. Johannes der Täufer und St. Johannes Apostel, empfange, innig geliebter Bruder, die Macht des Apostels und die Autorität des Großmeisters, die wir von unseren sehr illustren Herren und Brüdern empfangen haben, unseren Vorgängern, welchen Ehre und Ruhm sei. Amen.
Lebe, mein Bruder, und herrsche im Frieden und im Glauben dessen, der in den Jahrhunderten lebt und herrscht. Amen."

Die Prinzen führen den neuen Prinzen zum Thron, und sobald er feierlich eingesetzt worden ist, proklamiert der Primas das folgende Ritual:

Sobald der Groß-Konnetabel und der Groß-Admiral die feierliche Einsetzung verkünden lassen, erscheinen die Trompeten des Ordens mit der üblichen Fanfare, und alle Ritter führen den Gruß der Waffen aus, des Baucéan und der Kriegsstandarte.

8. Nach der feierlichen Einsetzung werden die Türen geöffnet, und der Einzug wird gewährt den Novizen, den Stiftsdamen, den Brüdern der unteren Miliz, den Untertanen und anderen Getreuen. Dann leisten der Ober-Präzeptor im Namen des Hofes des Präzeptoren, der Primas im Namen der himmlischen Miliz, der Groß-Konnetabel im Namen der Konsistorial-Berater, der Großmarschall des Palastes im Namen der Palatin-Berater, der General-Groß-Prior im Namen der Großprioren, der Generalintendant der Botschaft im

Namen der großmagistralen Legate und der Nuntii, der Groß-Bailli im Namen der Baillis, der Großgouverneur im Namen der Komture, der General-Konservator im Namen der Prioren und der Ritter, der älteste empfangene der anwesenden Ritter im Namen der Äbtissinnen, der Ritter und Stiftsdamen, der Generalkommandant der Stallmeister im Namen der Novizen, der Generalprokurator im Namen der unteren Häuser leisten den Treueeid dem neuen Prinzen.

Schließlich mit einer einzigen Akklamation leisten alle Brüder, Schwestern und Untertanen denselben Eid.

Dann singen der Primas und alle Anwesenden den neunzehnten Psalm.

9. Die Handlungen der feierlichen Einsetzung werden in das Register durch den großmagistralen Sekretär eingetragen, der die Eintragung dann mit lauter Stimme verliest. Sie werden dann durch alle anwesenden Brüder und Schwestern unterzeichnet und durch die Unterschrift des feierlich eingesetzten Prinzen bestätigt, ebenso wie durch die Unterschrift und die Siegelabdrücke der Prinzen.

10. Bei seiner Thronbesteigung hat jeder Prinz das Recht, für den ersten frei werdenden Großprior, für den ersten frei werdenden Amtsbezirk eines Bailli, für die erste frei werdende Komturei einen Ritter der Zunge zu benennen und für die erste frei werdende Abtei eine ritterliche Dame der Zunge; er kann auch drei Großkreuz-Auszeichnungen gewähren.

11. Jedem Prinzen sind drei Ritter als Adjutanten beigestellt (Adjutores castrenses), die nach seinem Willen von ihm benannt und abberufen werden.

12. Jeder Prinz kann alle drei Jahre eine Großkreuz-Auszeichnung verleihen.

13. Ein Prinz hat in jeder Versammlung des Ordens, ausgenommen den Generalkonvent, das Recht, die Beratungen nach seinem Willen auszusetzen.

14. Die großmagistrale Konsekration gibt jedem Prinzen die Befugnis, je nach Zustand der Örtlichkeiten und Umstände alle Funktionen und Pflichten der Würde des Primas auszuüben.

15. Das Siegel von jedem Prinzen ist in vier Felder aufgeteilt der Waffen des Ordens und seiner persönlichen Waffen.

Kapitel VI

über den Sitz des Magistrats

Art. 1 – Der Magistrat tagt im Palast des Großmeisters, und in diesem Palast residieren von Rechts wegen die Generalleutnants zusammen mit dem Großmeister.

2. Die Versammlungen des Generalkonvents, des Hofes des Präzeptors, des satzungsmäßigen Rates finden im großmagistralen Palast statt.

3. Die Regel des Heiligen Vater Bernard, die Charta der Übertragung, die geheimen Archive, die Satzung des Ordens, die Regeln, die alten Siegel, der Groß-Baucéan, die Kriegsstandarte und der heilige Schatz sind im großmagistralen Palast unter der Bewachung der Prinzen selbst hinterlegt.

Kapital VII

über den Hof des Präzeptors

Art. I – Der Hof des Präzeptors (Curia Praeceptorialis) besteht aus dem Obersten Präzeptor (Supremus Praeceptor), den Groß-Präzeptoren (Summi Praeceptores), dem Groß-Seneschall (Magnus Senescallus), dem großmagistralen Sekretär (Secretariua Magistralis).

2. Die Groß-Präzeptoren werden auf Lebenszeit gewählt.

3. Ihre Wahl erfolgt so:

Unter den ältesten aufgenommenen Rittern, die die katholische, apostolische und römische Religion bekennen, den Primas ausgenommen ebenso wie die General-Koadjutoren, die Koadjutoren und Kaplane, werden fünf Kandidaten durch den satzungsmäßigen Rat vorgeschlagen. Drei dieser Kandidaten werden durch die General-Präzeptoren bestimmt, und der Magistrat benennt einen der drei Bezeichneten für das Amt des Präzeptors.

4. Die Einführung der Groß-Präzeptoren erfolgt im großmagistralen Konvent wie folgt:

Der Ober-Präzeptor, der Primas, fünf Konsistorialberater oder Palatin-Berater, ein Großmeister für Zeremonien holen den Groß-Präzeptor, der im Profeß-Saal gewählt worden ist, führen ihn in den Tempel, und er schwört dort auf das Evangelium des Heiligen Johannes und das magistrale Schwert, getreulich die Pflichten seines Amtes zu erfüllen.

Dann empfängt er vom Primas das präzeptorale Ornat und wird durch ihn proklamiert und nimmt Platz unter seinesgleichen.

5. Die Groß-Präzeptoren sind Inquisitoren aller Angelegenheiten des Ordens. Sie sind die Berichterstatter hierfür im Souveränen Rat.

6. Jeder Groß-Präzeptor verwaltet die Hälfte eines Generalleutnants unter der Regierung des Prinzen.

7. Der älteste gewählte der Groß-Präzeptoren hat den Titel Oberster Präzeptor.

8. In seiner Abwesenheit oder auf Antrag des Ober-Präzeptor wird dieser durch den ältesten gewählten der Groß-Präzeptoren vertreten.

9. Wenn ein Generalleutnant abwesend ist oder wenn er zur Groß-Meisterschaft aufsteigt, führt der Oberste Präzeptor die General-Statthalterschaft nach den Artikeln 10 und 13 des Kapitel IV, während die Funktionen des Ober-Präzeptor an den ältesten gewählten der Groß-Präzeptor übergehen.

10. Der präzeptorale Gerichtshof regelt die Disziplin des Ordens, verurteilt angeklagte Ratsmitglieder und bestätigt oder hebt auf das Urteil, gegen das möglicherweise Berufung eingelegt worden ist.

11. Die Urteile der Präzeptoren ergehen mit der Mehrheit der Stimmen. Sie haben nur Gültigkeit, wenn mindestens drei Mitglieder des Gerichtshofes ihre Stimme abgegeben haben und wenn der Groß-Seneschall seine Schlußanträge abgegeben hat.

12. Im Fall der Stimmengleichheit im präzeptoralen Gerichtshof verkündet der Präsident das Urteil.

13. Die Vollstreckung der Urteile des präzeptoralen Gerichtshofes erfolgt erst nach Bestätigung des Magistrats.

14. Der Groß-Seneschall ist der magistrale Staatsanwalt beim präzeptoralen Gerichtshof. Er stellt seine Schlußanträge und hat aber keineswegs eine beratende Stimme.

15. Im präzeptoralen Gerichtshof wird das Protokoll durch den magistralen Sekretär geführt und in seiner Abwesenheit durch den letztgewählten der Groß-Präzeptoren.

16. Der präzeptorale Gerichtshof benutzt das große Siegel des Ordens mit der Aufschrift: Milit. Templ. Cur. Praecept. Sigill.

Kapitel VIII

über den Primas und die General-Koadjutoren

Art. 1 – Der Primas wird auf Lebenszeit gewählt.

2. Die Wahl des Primas erfolgt in derselben Weise wie die der Generalleutnants, indem jedoch die Auswahl unter den Koadjutoren getroffen wird.

3. Die Einführung des Primas erfolgt im magistralen Konvent wie folgt:
Die General-Koadjutoren und die Großmeister der Zeremonien holen den Primas im Profeßsaal ab und führen ihn in den Tempel zum Betpult. Er kniet nieder und leistet auf das Evangelium des Heiligen Johannes und auf das großmeisterliche Schwert den folgenden Schwur:

Ego, N., promitto quod Dei Patris, et Filii, et Spiritus Sancti gratia adjuvantibusque Maximis Potentissimis et Excellentissimis ordinis Principibus Sacratissimis patribus, munera primatialia fideliter explebo.

„Ich, N., mit der Gnade des Gottvaters, des Sohnes und des Heiligen Geistes und mit Hilfe der sehr großen, sehr mächtigen und hervorragenden Fürsten, Souveräne des Ordens, unserer sehr heiligen Brüder, verspreche, dass ich getreu die Funktionen des Amtes des Primas ausüben werde."

Dann wird der Primas zum Thron geführt: Der Großmeister gibt ihm den Ring, die Mitra und den Primasstab ebenso wie den großen Rosenkranz des Ordens, legt ihm die Hände auf und sagt:

Ad majorem Dei Gloriam Patris, et Filii, et Spiritus Sancti, in nomine Illustrissimorum ac Sacratissimorum Dominorum Patrum nostrorum Sancti Joannis-Baptistae et Sancti Joannis Apostoli N., te Legatum Magisterii Primatem Pontificem super Militiam Ecclesiasticam constituo: Benedictio Patris, et Filii, et Spiritus Sancti descendat super te et maneat semper. Amen.

„Zur höchsten Ehre Gottes, des Vaters, des Sohnes und des Heiligen Geistes, im Namen der sehr berühmten und sehr heiligen Herren, unserer Väter St. Johannes der Täufer und St. Johannes Apostel, setze ich dich, N., ein, als Legat des Magistrats, Primas, Bischof für die kirchliche Miliz. Möge der Segen des Vaters, des Sohnes und des Heiligen Geistes auf dich herabkommen und immer bei dir bleiben. Amen."

Danach sagt der Ober-Präzeptor, indem er die Stimme hebt:

N., Ordinis Primatem renuntio; N., in Ecclesiasticam Eminentiam Primatem, Pontificem Magisterii Legatum per universum orbem habeant cuncti: Vivat Primas.

„Ich rufe N. aus als Primas des Ordens, den alle und jeder in der Welt anzuerkennen haben als Primas mit kirchlicher Eminenz, als Bischof und in dieser Eigenschaft als Legat des Magistrats: Es lebe der Primas!"

Alle antworten mit dem Ausruf, Vivat!

4. Der Primas übt unter der Aufsicht des Magistrats über die General-Koadjutoren, die Koadjutoren und die Kapläne die Autorität aus. Er hält die kirchliche Disziplin aufrecht, setzt die General-Koadjutoren und die Koadjutoren in ihr Amt ein und unterzeichnet alle souveränen kirchlichen Urkunden.

5. Die Handlungen des Primas, die nicht durch den Magistrat bestätigt werden, werden nicht ausgeführt.

6. Es gibt vier General-Koadjutoren (Coadjutores-Generales). Sie sind die Vikare des Primas.

7. Die General-Koadjutoren werden unbegrenzt gewählt.

8. Die Wahl der General-Koadjutoren erfolgt so:
Unter den Koadjutoren schlägt der Primas und schlagen die General-Koadjutoren fünf Kandidaten vor, unter welchen der Magistrat einen General-Koadjutor auswählt.

9. Die General-Koadjutoren werden im magistralen Konvent eingeführt. Sie leisten den Eid auf das Evangelium des Heiligen Johannes und auf das magistrale Schwert, indem sie sagen:

Se Dei gratia Patris, et Filii,et Spiritus Sancti adjuvantibusque maximis, potentissimis, excellentissimis ordinis principibus sacratissimis Patribus Eminentique Reverendissimo et Sanctissimo Patre Primate, Magisterii Legato, Vicarialia Primatialia munera fideliter expleturos.

„Dass sie mit der Gnade Gottes, dem Vater, dem Sohn und dem Heiligen Geist, und mit Hilfe der sehr mächtigen und sehr hervorragenden souveränen Prinzen des Ordens, unseren Brüdern, und von seiner Eminenz,

des sehr ehrwürdigen und sehr heiligen Vaters des Primas des Ordens, des kirchlichen Legats des Magistrats, getreulich die Pflichten von Vikaren des Primas erfüllen werden."

10. Der älteste gewählte der General-Koadjutoren ersetzt den Primas bei dessen Abwesenheit oder auf dessen Wunsch.

11. Die General-Koadjutoren genießen die Ehren der Primas-Würde.

Kapitel IX

über den Groß-Seneschall

Art. 1 – Der Groß-Seneschall (Magnus Senescallus) wird unbegrenzt durch den Magistrat benannt.

2. Der Groß-Seneschall wird im magistralen Konvent eingeführt, er leistet den Eid auf das Evangelium des Heiligen Johannes und auf das magistrale Schwert, getreulich die Pflichten seines Amtes zu erfüllen.

3. Der Groß-Seneschall kennt alle Angelegenheiten des Ordens, die ihm durch den magistralen Sekretär übertragen werden.

4. Der Groß-Seneschall unterrichtet über alle Angelegenheiten im präzeptoralen Gerichtshof und im satzungsmäßigen Rat. Er ist dessen Berichterstatter und verwahrt das Siegel des präzeptoralenGerichtshofes.

5. Alle magistralen Dekrete werden in die Register des Groß-Seneschalls eingetragen, und er unterzeichnet die Ausfertigungen.

6. Der Groß-Seneschall ist der Garant für die Ausführung der Übertragungscharta, der Satzung, der Regeln, der Gesetze und magistralen Dekrete, und er ist verantwortlich für jeden Verstoß, der hiergegen erfolgt, wenn er diesen nicht dem Magistrat meldet.

Kapitel X

über den großmeisterlichen Sekretär

Art. 1 – Der magistrale Sekretär (Secretarius Magistralis) wird unbefristet durch den Magistrat benannt.

2. Der magistrale Sekretär wird im Magistral-Konvent eingeführt. Er leistet den Eid auf das Evangelium des Heiligen Johannes und auf das magistrale Schwert, getreulich die Pflichten seines Amtes zu erfüllen.

3. Der magistrale Sekretär führt das Protokoll auf den magistralen Sitzungen. Er trägt in den Registern die magistralen Dekrete ein, sei es, dass er zum Souveränen Rat gerufen wurde, sei es, dass nicht hierzu gerufen wurde, und er unterzeichnet: Im Namen Ihrer hervorragenden Hoheiten, der Minister des Ordens, der magistrale Sekretär, N.

Er fertigt Ausfertigungen der Urkunden des Generalkonvents an, der Satzung und der magistralen Dekrete, er vermerkt auf jeder Ausfertigung in den Registern die aufgebrachten Unterschriften und zeichnet für die Ausfertigung gegen: Der Minister des Ordens, der magistrale Sekretär, N.

4. Jede Ausfertigung erfolgt nur auf Anweisung des Magistrat.

Kapitel XI

über den satzungsmäßigen Rat

Art. I – Der satzungsmäßige Rat (Comitia Statutaria) besteht aus: I. den Groß-Beratern (Magni Comites); 2. den Konsistorial-Beratern (Comites Consistoriani); 3. den Palatin-Beratern (Comites Palatini); 4. den Beratern der Zungen (Comites Gentiles), die einen und die anderen Generale des Ordens (Militiae Praefecti Generales).

2. Groß-Berater sind: Die magistralen Berater, Minister des Ordens, bezeichnet nach Artikel 27 des Kapitel IV: der würdenhöchste der magistralen Berater, die dem satzungsmäßigen Rat beiwohnen, führt den Vorsitz.

3. Konsistorial-Berater sind:
I. Der Groß-Konnetabel (Magnus Comes Stabuli); dieser kommandiert die Landstreitkräfte, empfängt direkt die Anweisungen des Magistrats, empfängt alle Tage in Kriegszeiten die Losung des Prinzen, der kommandiert, er läßt die Souveränen Dekrete ausführen;

2. Der Groß-Marschall (Magnus Marescallus); er ist Leutnant des Groß-Konnetabel, er nimmt direkt die Befehle des Magistrats entgegen;

3. Der Groß-Admiral (Magnus Maris Praefectus); er kommandiert die Seestreitkräfte. Er empfängt die Befehle direkt vom Magistrat. Er läßt die Souveränen Dekrete ausführen;

4. Der Vize-Großadmiral (Magnus Maris pro Praefectus); er ist Leutnant des Groß-Admirals. Er empfängt seine Befehle direkt vom Magistrat;

5. Der General-Gouverneur (Gubernator Generalis); er ist Vorgesetzter der Garde der magistralen Stadt. Er ist Chef der Gouverneure der anderen Städte. Er empfängt jeden

Tag in Friedenszeiten die Losung des Großmeisters; er läßt die Souveränen Dekrete ausführen;

6. Der General-Großprior (Magnus Prior Generalis); er ist der Leiter der Groß-Prioren: er berichtet die Angelegenheiten aus jeder Zunge dem Groß-Präzeptor, zu dessen Aufgabenbereich er gehört;

7. Der Groß-Bailli (Magnus Ballivus); er ist Leutnant des General-Groß-Priors;

8. Der Groß-Hospitalier (Magnus Hospitalarius); er ist das Oberhaupt aller gastlichen Häuser und aller frommen Werke des Ordens;

9. Der Groß-Kanzler (Magnus Cancellarius); er verwahrt das große und kleine Siegel des Ordens ebenso wie das Siegel des satzungsmäßigen Rates. Er verzeichnet in den Registern die Urkunden des Generalkonvents und des Magistrat: er bringt seine Unterschrift auf und das einfache Siegel des Ordens;

10. Der stellvertretende Groß-Kanzler (Magnus pro Cancellarius); er ist Leutnant des Groß-Kanzlers;

11. Der Groß-Schatzmeister (Magnus Thesaurarius); er ist der Vorgesetzte der Kasse des Ordens, die im magistralen Palast hinterlegt ist, unter drei Schlüsseln, von welchen er einen besitzt. Der General-Großprior und der Groß-Kanzler haben die anderen Schlüssel. Er erhält die allgemeinen Gelder, die hierin eingezahlt werden müssen. Er legt Rechenschaft ab gegenüber dem Magistrat und dem satzungsmäßigen Rat über den Stand der Kassen der Zungen, der Konvente, der Postulationen, der Einführungshäuser und der Abteien;

12. Der stellvertretende Groß-Schatzmeister (Magnus pro Thesaurarius); er ist Leutnant des Groß-Schatzmeisters;

13. Der General-Bewahrer (Conservator Generalis); er ist der Garant für die Ausführung der Übertragungscharta, der Regeln, der Gesetze und der magistralen Dekrete, er ist verantwortlich für jeden Verstoß, der hiergegen erfolgen

könnte, wenn er dies nicht dem Magistrat meldet: er vertritt den Groß-Seneschall während seiner Abwesenheit und auf seine Aufforderung hin;

14. Der Generalstaatsanwalt (Procurator Generalis); er ist Leutnant des General-Bewahrers;

15. Der Großmeister der Galeeren (Magnus Trierarchus); er ist mit allen Schiffsbauten und Seekonvois betraut;

16. Der Großmeister der Artillerie (Rei tormentariae Magnus Magister); er überwacht und leitet die Landartillerie und Meeresartillerie;

17. Der General-Kapitän der Artillerie (Rei tormentariae Dux Generalis); er ist Leutnant des Großmeisters der Artillerie;

18. Der General-Kapitän der Kavallerie (Equitatus Dux Generalis); er kommandiert die Miliz zu Pferde; er erhält seine Befehle vom Groß-Konnetabel;

19. Der Generalkommandant der Infanterie (Pedidatus Dux Generalis); er kommandiert die Miliz zu Fuß: er erhält seine Befehle vom Groß-Konnetabel;

20. Der Generalkommandant der Stallmeister (Armigerorium Dux Generalis); er ist Chefinspektor der Stallmeister und der unteren Miliz;

21. Der Großmeister der Depeschen (Magnus Mandatorum Magister); er führt das Protokoll im satzungsmäßigen Rat, er wacht darüber, dass die Edikte im Magistrat vorgetragen werden, er erinnert auf den Ausfertigungen an die Unterschrift, die im Register durch den Präsidenten aufgebracht wird; er zeichnet gegen:
Durch den satzungsmäßigen Rat, den Konsistorial-Berater, den Großmeister der Depeschen, N.;

22. Der Groß-Bote des Ordens (Magnus Ordinis Tabellarius); er sammelt die Stimmen im Generalkonvent und im satzungsmäßigen Rat; er inspiziert die Posten, er übermittelt die satzungsmäßigen Edikte an den Magistrat und die großmeis-

terlichen Dekrete an den Generalkonvent: er ist Leutnant des Großmeisters der Depeschen;

23. Der Generalintendant der Botschaft (Legationis Generalis Praefectus); er kennt alle Außenangelegenheiten, er befaßt sich mit allem, was die Gesandtschaften und die Nuntiaturen betrifft. Er berichtet hierüber an den Magistrat;

24. Der Generalintendant für Domänen (Dominiorum Generalis Praefectus); er verwaltet die Domänen des Ordens;

25. Der Groß-Baucéan (Magnus Baucennifer); er trägt den Groß-Baucéan in alle souveränen Sitzungen ebenso wie in die Lager;
Der Groß-Baucéan wird nur in den Lagern entfaltet, wenn ein Fürst persönlich kommandiert.

4. Palatin-Berater sind:

1. Der Großmarschall des Palastes (Magnus Palatii Marescallus); er kümmert sich um den magistralen Palast;

2. Der Groß-Stallmeister (Magnus Stabuli Magister); er kümmert sich um die magistralen Ställe, die Pagen und Diener;

3. Der stellvertretende Groß-Stallmeister (Magnus Stabuli pro Magister); er ist Leutnant des Groß-Stallmeisters;

4. Der Groß-Kammerherr (Magnus Camerarius); er kümmert sich um das Mobiliar des Palastes sowie um das, was zum Zeremoniell des Generalkonvents, des Magistrat und des satzungsmäßigen Rates gehört;

5. und 6. Zwei Großmeister der Zeremonien (Magni Solemnium Rituum Magistri); sie sind Leutnants des Groß-Kammerherrn;

7. Der Groß-Mundschenk (Magnus Pincerna); er versorgt den großmeisterlichen Tisch;

8. Der Kanzler-Sekretär des Palastes (Palatii Cancellarius Secretarius); er führt in den Registern die Urkunden des Groß-Marschalls des Palastes auf und zeichnet diese gegen.

5. Ratsmitglieder für die Zungen sind die Groß-Prioren von jeder Nation, wovon die Rede ist, Kapitel XIII.

6. Die Ratsmitglieder der Zungen können gleichzeitig mit den Funktionen der Groß-Ratsmitglieder, der Konsistorial-Ratsmitglieder, der Palatin-Ratsmitglieder betraut werden.

7. Die Konsistorial-Ratsmitglieder und die Palatin-Ratsmitglieder erhalten ihre Titel, oder ihre Titel werden ihnen durch magistrales Dekret entzogen.

8. Jedes Konsistorial-Ratsmitglied oder Palatin-Ratsmitglied, das abberufen wird oder zurücktritt, gibt den zugedachten Ornat ab, sofern es nicht mit einem Groß-Priorat ausgestattet ist.

9. Das satzungsmäßige Ratsmitglied gibt die Edikte für größere Angelegenheiten des Ordens aus, wie z.B. Beiträge, Ausgaben, und hierdurch werden die Abteien, Konvente, Amtsbezirke eines Bailli, Groß-Priorate und andere Aufgaben und Würden geschaffen oder aufgehoben.

10. Der satzungsmäßige Rat tritt rechtmäßig im ersten Monat von jedem Jahr zusammen. Die außerordentlichen Einberufungen erfolgen durch den Magistrat.

11. Die Edikte des satzungsmäßigen Rates werden mit der Mehrheit der Stimmen herausgegeben. Der Präsident entscheidet im Fall der Stimmengleichheit.

12. Der Groß-Seneschall gibt seine Anträge im satzungsmäßigen Rat ab, und infolgedessen hat er hier keine Stimme.

13. Die herausgegebenen Edikte haben nur Gültigkeit, soweit der Groß-Seneschall seine Anträge abgegeben hat.

14. Die herausgegebenen Edikte werden nur ausgeführt, wenn sie durch den Magistrat genehmigt worden sind.

15. Der magistrale Konvent (Conventus-Magistralis) besteht aus den Generalen des Ordens, wobei der Magistrat hier tagt.

16. Die Generale des Ordens können tagen und ihre Abstimmungen in allen Konvents abgeben.

17. Die Generale, soweit nicht ein Befehl durch den Magistrat ergangen ist oder durch ein präzeptorales Urteil, sind nicht dem Gehorsam irgendeines Konvents unterworfen: jene unter ihnen, die abberufen werden oder die abdanken, werden dem Gehorsam des Konvents des Mutterlandes oder jedem anderen unterworfen, je nach der großmeisterlichen Entscheidung.

18. Die klösterlichen Ämter, sofern nicht der Magistrat dies anordnet, können nicht durch Generale des Ordens ausgeübt werden.

19. Der satzungsmäßige Rat benutzt das große Siegel des Ordens mit der Aufschrift: Milit. Templ. Comit. Statut. Sigill.

Kapitel XII

über das Großkreuz

Art. 1 – Zu Recht mit dem Großkreuz (Magnae Crucis decoratio) werden ausgezeichnet die Prinzen, die Minister, die Ratsmitglieder, die Legate, die Nuntii, die magistralen Adjutanten und die Äbtissinnen des Mutterlandes.

2. Vorbehaltlich des Rechtes von jedem Prinzen nach Artikel 10, 11 und 12 des Kapitels V kann das Großkreuz nur durch den Magist-

rat an die Ritter und an die Ritterinnen verliehen werden, die am stärksten empfohlen werden.

3. Die Verleihung des Großkreuzes geht nur verloren, wenn die Strafe der Aberkennung durch den Magistrat oder durch den präzeptoralen Gerichtshof verkündet worden ist.

Kapitel XIII

über die Groß-Prioren oder Sprachen

Art. I – In jeder Nation kann ein Groß-Priorat (Magnus Prioratus) eingerichtet werden, das auch mit Zunge (Lingua) bezeichnet wird.

2. Die Hauptstadt des Staates ist der Sitz des Groß-Priorats.

3. Das Groß-Priorat oder die Zunge wird durch einen Groß-Prior (Magnus-Prior) regiert.

4. Das Benefizium des Groß-Priors wird auf Lebenszeit gewährt.

5. Der Groß-Prior wacht im Bereich seiner Zunge über die Ausführung der Regeln, der Gesetze und aller Dekrete: er ist der Garant dieser Ausführung und verantwortlich für jeden Verstoß, der hiergegen begangen wird, wenn er dies nicht dem Magistrat anzeigt.

6. Der Prior des Konvents des Mutterlandes ist Leutnant des Groß-Priors und herrscht provisorisch, während dieses Amt nicht besetzt ist.

7. Das unbesetzte Benefizium des Groß-Priorats, vorbehaltlich der Artikel 8 und 9 dieses Kapitels, wird durch den Magistrat an den

ältesten ernannten der Baillis der Sprache übertragen, wofern er innerhalb der Frist eines Jahres einen Antrag hierauf gestellt hat.

8. Wenn die Verleihung des Titels zurückgewiesen wird, wählt die Versammlung der Zunge drei weitere Baillis aus, von welchen einer durch den Magistrat als Groß-Prior eingesetzt wird.

9. Das Groß-Priorat, das nicht erbeten wurde, so wie dies in den Artikeln 7 und 8 dieses Kapitels ausgeführt wird, kann nach Ablauf des Jahres durch den Magistrat an einen der Baillis des Ordens übertragen werden.

10. Es gibt in jedem Groß-Priorat eine Versammlung der Zunge (Lingualis Congressus). Sie besteht aus der Vereinigung der Baillis der Zunge.

11. Der Groß-Prior führt den Vorsitz in der Versammlung der Zunge.

12. Die Handlungen der Versammlungen der Zunge erfolgen mit der Mehrheit der Stimmen: der Groß-Prior entscheidet im Fall der Stimmengleichheit.

13. Die Versammlungen der Zunge finden im elften Monat von jedem Jahr statt. Außerordentliche Einberufungen erfolgen durch den Magistrat.

14. Die Versammlung der Zunge behandelt Angelegenheiten des Groß-Priorats, urteilt über die Ballaien, die angeklagt worden sind, bestätigt oder entkräftet die Urteile und anderen Handlungen der Amtsbezirke eines Bailli, wenn Berufung geltend gemacht worden ist, und hat das Recht, Handlungen aufzuheben, die ihr jedes Jahr durch die unteren Gerichtsbarkeiten vorgetragen werden.

15. Alle Handlungen der Versammlung der Zunge ebenso wie die der unteren Gerichtsbarkeiten werden jährlich an den Magistrat gesandt.

16. Aus dem Namen der Nation, wo das Groß-Priorat gebildet worden ist, bildet sich der Name der Zunge ebenso wie der Name oder der Titel des Benefiziums des Groß-Priorats.

17. Die Groß-Priorate benutzen das kleine Siegel des Ordens mit folgender Aufschrift: Magn. Priorat. N. (Name der Zunge). Sigill.

18. Die Groß-Priorate haben als Baucéan den Baucéan des Ordens, der im Zentrum die Waffen der Prioratsnation trägt.

19. Die Waffen des Groß-Priors sind Teil der rechten Hand der Waffen der Prior-Nation und jener der unteren Benefizia, und in der linken Hand befinden sich seine Waffen der Familie, wobei die Waffen des Ordens darüber angebracht sind.

Kapitel XIV

über die Räte der Einsetzungen

Art. I – Es gibt in jedem Groß-Priorat einen eingesetzten Rat (Institutionis Consilium).

2. Dieser eingesetzte Rat besteht aus den Konsistorial-Verwaltern des Konvents des Mutterlandes.

3. Der Groß-Prior hat den Vorsitz im eingesetztenRat.

4. Die Handlungen des eingesetzten Rates ergehen mit der Mehrheit der Stimmen.

5. Der eingesetzte Rat setzt die Kapitel der Bewerber ein und die Einführungshäuser. Er stellt die Diplome für die Aufnahme in die Noviziate aus und für die unteren Grade.

6. Die Bewerbungen und die Einführungshäuser werden nur mit der Erlaubnis des Magistrats eingerichtet.

7. Der eingesetzte Rat benutzt das kleine Siegel des Ordens mit folgender Aufschrift: Inst. N. (Name der Zunge), Cons. Sigill.

Kapitel XV

über die Koadjutoren

Art. 1 – Es gibt in jedem Priorat einen Koadjutor (Coadjutor), der auf Lebenszeit gewählt wird.

2. Die Wahl des Koadjutors erfolgt so:
Der Primas und die General-Koadjutoren schlagen unter allen Kaplanen des Ordens fünf Kandidaten vor, von welchen einer durch den Magistrat ausgewählt wird.

3. Der Primas oder ein General-Koadjutor oder ein Koadjutor oder jeder andere, der die apostolische Aufgabe hat, weiht den Koadjutor, wenn er noch nicht die bischöfliche Weihe erhalten hat.

4. Der Koadjutor empfängt die Einsetzung des Primas oder seines Legats, und er wird eingesetzt durch den Groß-Prior in einer Sitzung des Konvents des Mutterlandes.

5. Der Koadjutor erteilt den Kaplanen die heiligen Aufträge. Er bildet und übt auch über sie die kirchliche Disziplin aus.

6. Der Koadjutor der Zunge unterliegt dem Gehorsam des Konvents des Mutterlandes; er ist einer der Konsistorial-Verwalter.

Kapitel XVI

über die Balleien

Art. I – In der Gerichtsbarkeit von jedem Groß-Priorat können Balleien (Ballivatus) gebildet werden.

2. Ein Amtsbezirk eine Ballei umfaßt eine oder mehrere Provinzen, je nach dem Edikt über die Schaffung. Die Hauptstadt der Provinz oder der bedeutendsten der Provinzen ist der Sitz der Ballei.

3. Die Ballei wird durch einen Bailli regiert (Baillivus).

4. Das Benefizium der Ballei wird auf Lebenszeit übertragen.

5. Der Bailli wacht in der Ballei über die Ausführung der Regeln, der Gesetze und aller Dekrete: er ist der Garant für diese Ausführung und verantwortlich für jeden Verstoß, der hiergegen erfolgt, wenn er dies nicht dem Groß-Prior oder dem Magistrat anzeigt.

6. Der nächstgelegene Komtur ist Leutnant der Ballei. Er regiert provisorisch während der Abwesenheit des Bailli.

7. Das unbesetzte Benefizium einer Ballei (ausgenommen Artikel 8 und 9 dieses Kapitels) wird durch den Magistrat an den ältesten ernannten der Komture der Ballei übertragen, sofern er einen Antrag hierauf innerhalb einer Frist eines Jahres gestellt hat.

8. Wenn die Verleihung dieses Titels zurückgewiesen wird, wählt die

Versammlung der Ballei drei andere Komture, von welchen einer als Bailli durch den Magistrat eingesetzt wird.

9. Die Ballei, die nicht beantragt worden ist, so wie dies in den Artikel 7 und 8 dieses Kapitels ausgeführt wird, kann nach Ablauf eines Jahres durch den Magistrat an einen der Komture der Zunge übertragen werden.

10. Es gibt in jeder Ballei eine Versammlung (Ballivalis Congressus). Diese besteht aus der Vereinigung der Komture der Ballei.

11. Der Bailli führt in der Versammlung der Ballei den Vorsitz.

12. Die Handlungen der Versammlungen der Ballei erfolgen mit der Mehrheit der Stimmen. Der Bailli entscheidet im Fall der Stimmengleichheit.

13. Die Versammlungen der Ballei finden im zehnten Monat von jedem Jahr statt. Die außerordentlichen Einberufungen erfolgen durch den Groß-Prior.
14. Die Versammlung der Ballei behandelt die Angelegenheiten der Ballei, verurteilt die Komture im Bereich der Ballei, die angeklagt worden sind, bestätigt oder hebt auf die Urteile oder anderen Handlungen der Komture, wenn hier Berufung erhoben worden ist, mit dem Recht, die Handlungen zu annullieren, die hier jedes Jahr durch die unteren Gerichtsbarkeiten vorgetragen werden.

15. Alle Handlungen der Versammlung der Ballei ebenso wie jene der unteren Gerichtsbehörden werden jedes Jahr an die Versammlung der Zunge gesandt.

16. Aus dem Namen der Provinz, in der die Ballei ihren Sitz hat, wird der Name der Ballei gebildet ebenso wie der Titel oder der Name des Benefiziums des Bailli.

17. Die Balleien verwenden das kleine Siegel des Ordens mit folgender Aufschrift: Baliv. N., (Name der Ballei) Sigill.

18. Die Balleien haben als Baucéan den Baucéan des Ordens, der im Zentrum die Waffen der Ballei der Provinz trägt, über dem der Name der Zunge vermerkt ist.

19. Die Waffen des Bailli sind Bestandteil der rechten Hand der Ballei und der Provinz und jener seiner Komturei, und die linke Hand hat die Waffen der Familie, wobei die Waffen des Ordens darüber angeordnet sind.

Kapitel XVII

über die Komtureien

Art. 1 – In der Gerichtsbarkeit von jeder Ballei können Komtureien (Commendariae) gebildet werden.
2. Jeder Komturei können mehrere Städte und ihre Gebiete zugeordnet werden. Die Hauptstadt dieser Städte ist der Sitz der Komturei.

3. Die Komturei wird durch einen Komtur (Commendator) regiert.

4. Das Benefizium der Komturei wird auf Lebenszeit übertragen.

5. Der Komtur wacht innerhalb des Bezirkes der Komturei über die Ausübung der Regeln, der Gesetze und aller Dekrete. Er ist Garant dieser Ausführung und verantwortlich für jeden Verstoß, der hiergegen erfolgen kann, wenn er dies nicht dem Bailli oder dem Vorgesetzten je nach Umständen anzeigt.

6. Der Prior des nächstgelegenen Konvents, mit dem Vorbehalt jedoch des Prior des Konvents des Mutterlandes, ist der Leutnant des Komtur. Er leitet provisorisch die Regierung während der Abwesenheit des Komturs.

7. Das unbesetzte Benefizium der Komturei, vorbehaltlich der Artikel 8 und 9 dieses Kapitels, wird durch den Magistrat dem ältesten ernannten der Prioren des Amtsbezirkes des Bailli übertragen, sofern er dies innerhalb der Frist eines Jahres beantragt hat.

8. Wenn die Verleihung dieses Titels zurückgewiesen wird, wählt die Versammlung der Komturei drei andere Prioren aus, von welchen einer durch den Magistrat als Komtur eingesetzt wird.

9. Die Komturei, die nicht beantragt worden ist, so wie dies in den Artikeln 7 und 8 des vorliegenden Kapitels ausgeführt wird, kann nach Ablauf des Jahres durch den Magistrat an einen der Prioren der Zunge übertragen werden.

10. Es gibt in jeder Komturei eine Versammlung der Komturei (Commendarialis Congressus). Sie besteht aus der Vereinigung der Prioren der Komturei.

11. Der Komtur führt in der Versammlung der Komturei den Vorsitz.

12. Die Handlungen der Versammlung der Komturei erfolgen mit der Mehrheit der Stimmen. Der Komtur entscheidet im Fall der Stimmengleichheit.

13. Die Versammlungen der Komturei finden im neunten Monat von jedem Jahr statt. Außerordentliche Einberufungen werden durch den Bailli vorgenommen.

14. Die Versammlung der Komturei behandelt die Angelegenheiten

der Komturei, sie verurteilt die Prioren dieses Bezirks, die angeklagt worden sind: sie bestätigt oder hebt auf die Urteile und anderen Handlungen der Konvente, wenn hiergegen Berufung erhoben worden ist, und sie hat das Recht, die Handlungen zu annullieren, die ihr jedes Jahr durch die unteren Gerichtsbarkeiten vorgelegt werden.

15. Alle Handlungen der Versammlung der Komturei ebenso wie jene der unteren Gerichtsbarkeiten werden jedes Jahr an die Versammlung des Amtsbezirks des Bailli gesandt.

16. Aus dem Namen der Stadt, wo die Komturei ihren Sitz hat, wird der Name der Komturei gebildet ebenso wie der Titel oder der Name des Benefiziums des Komturs.

17. Die Komtureien benutzen das kleine Siegel des Ordens mit der Aufschrift: Commend. N., (Name der Komturei), Sigill.

18. Die Komturei hat als Baucéan den Baucéan des Ordens, der in der Mitte die Waffen der Stadt der Komturei trägt, während der Name der Sprache darüber geschrieben ist, und der des Amtsbezirkes des Bailli darunter.

19. Die Waffen des Komturs werden in der rechten Hand der Waffen der Stadt der Komturei getragen, und in der linken Hand die Waffen der Familie, während die Waffen des Ordens darüber angeordnet sind.

Kapitel XVIII

über die Konvente

Art. 1 – In der Gerichtsbarkeit von jeder Komturei können Konvente (Conventus) gebildet werden.

2. Der Konvent wird aus der Vereinigung der Profeß-Ritter (Equites Professi) in unbestimmter Zahl gebildet.

3. Die Konvente werden durch den satzungsmäßigen Rat gebildet.

4. Die Konvente von jeder Komturei werden nach der Reihenfolge ihrer Schaffung bezeichnet, 1., 2. Konvent usw.

5. Der erste Konvent, der in der magistralen Stadt errichtet wird, hat den Titel Großkonvent des Mutterlandes (Magnus Conventus Metropolitanus).

Wenn der Magistrat seinen Sitz anderswo hin verlegt, erhält der Konvent den Titel des Provinz-Großkonvents, wenn wegen des Sitzes der Zunge er nicht Konvent des Mutterlandes ist.

6. Der erste Konvent, der am Sitz eines Groß-Priorates errichtet wird, hat den Titel des Konvents des Mutterlandes (Conventus Metropolitanus), von N., (Name der Zunge).

7. Der Titel des Provinz-Großkonvents (Magnus Conventus Provincialis) oder des Provinz-Konvents (Conventus Provincialis) kann durch den Magistrat den Konventen gewährt werden, die sich um den Orden verdient gemacht haben.

8. Es kann nur drei Provinz-Großkonvente in der großmeisterlichen Zunge geben und zwei in jeder anderen Zunge: sie werden nach der Reihenfolge bezeichnet, in der sie diesen Titel empfangen haben.

9. Der Konvent wird durch einen Prior geleitet, den der Groß-Prior unbegrenzt unter den Rittern der Zunge benennt.

10. Er wird von drei Jahren zu drei Jahren ausgewählt unter den Rit-

tern des Konvents, unter 14 Verwaltern, von welchen jeder nach Ablauf dieser drei Jahre wiedergewählt werden kann.

11. Die dreijährigen Verwalter sind:

- Der Unterprior (Sub Prior); er ist Leutnant des Priors;
- Der Konnetabel (Comes Stabuli); er kommandiert die klösterliche Miliz, er überwacht die Arsenale, den Stall und die Diener;
- Der Mareschall (Marescallus); er ist Leutnant des Konnetabel;
- Der Gouverneur (Gubernator); er ist Vorgesetzter der Konventgarde und der klösterlichen Stadt;
- Der Präzeptor (Praeceptor); er lehrt die Doktrin und die klösterliche Disziplin und die Traditionen des Ordens: er hält alle Ansprachen, die nicht die Verwaltung zum Gegenstand haben;
- Der Hospitalier (Hospitalarius); er sorgt für das (Gästehaus) Krankenhaus, er gibt die Almosen;
- Der Kanzler (Cancellarius); er führt das Register aller Urkunden des Konvents und des Groß-Konsistoriums, und er bringt auf allen Ausfertigungen das Siegel des Konvents auf und seine eigene Unterschrift;
- Der Schatzmeister (Thesaurarius); er empfängt die Gelder des Konvents und hinterlegt sie mit dem Siegel, den Registern und den wichtigen Titeln, nämlich in einer Kasse, von welcher er einen der drei Schlüssel verwahrt, während der Prior und der Kanzler die beiden anderen Schlüssel haben;
- Der Bewahrer (Conservator); er kennt alle Angelegenheiten des Konvents: er ist der Berichterstatter hierfür in allen Sitzungen des Konvents und des Groß-Konsistoriums: er wacht über die Einhaltung der Satzung und aller gesetzlichen Urkunden; er ist der Garant für ihre Ausführung, und er ist verantwortlich für jeden Verstoß, der hiergegen begangen

werden sollte, wenn er dies nicht dem Prior, dem Groß-Konsistorium oder den Oberen, je nach Umständen, meldet;

- Der Prokurator (Procurator); er kümmert sich um das klösterliche Mobiliar, die Kleiderkammer, das Refektorium und alle Ausgaben;
- Der Kommandant der Novizen (Novitiorum Praefectus); er leitet die Novizen und unterweist die Miliz;
- Der Baucéan (Baucennifer); er trägt den Baucéan des Konvents und nimmt die Stimmen entgegen;
- Der Zeremonienmeister (Solemnium Rituum Magister); er steht dem Zeremoniell der klösterlichen Versammlungen vor;
- Der Sekretär (Secretarius); er führt das Protokoll in den Sitzungen des Konvents und des Groß-Konsistoriums; er verzeichnet die Urkunden in den Registern, stellt hierfür Ausfertigungen aus und erinnert an die Unterschrift des Präsidenten und zeichnet gegen: De par (im Auftrag) des Konvents, oder des Groß-Konsistoriums oder des Priors oder des Verwaltungssekretärs, N.

12. Jeder Konvent hat seinen Kaplan (Capellanus), der unbegrenzt unter den Rittern durch den eingesetzten Rat benannt wird; er empfängt die Ordination des Koadjutors der Zunge oder von jedem anderen Bischof, soweit er sie noch nicht empfangen hat, und er kann die kanonische Einsetzung nur vom Koadjutor der Zunge empfangen. Niemand kann zum Kaplan benannt werden, wenn er nicht die katholische, apostolische und römische Religion bekennt.

13. Es gibt in jedem Konvent des Mutterlandes zwei Kaplane; sie sind Generalvikare des Koadjutors der Zunge.

14. Die Kaplane erfüllen in den Konventen die kirchlichen Funktionen; sie sind Verwalter ihres Konvents.

15. Die Versammlung der Verwalter des Konvents hat den Titel Groß-Konsistorium (Magnum Consistorium) oder klösterliches Konsistorium (Conventuale Consistorium).

16. Der Prior führt im Groß-Konsistorium den Vorsitz.

17. Jeder Vorschlag, der dem Konvent vorzulegen ist, ist an das Konsistorium zu richten, und keine klösterliche Akte ist gültig, vorbehaltlich der Bestimmungen von Kapitel XXII, wenn sie nicht durch das Konsistorium vorgeschlagen worden war.

18. Die Konsistorial-Handlungen werden nur ausgeführt, wenn sie durch den Konvent bestätigt worden sind.

19. Die klösterlichen Handlungen und die konsistorialen Handlungen werden mit Mehrheit der Stimmen gefaßt, ausgenommen die Artikel 9, 10 und 11 des Kapitel XXII. Der Prior entscheidet im Fall der Stimmengleichheit.

20. Der Konvent behandelt die klösterlichen Angelegenheiten, verurteilt angeklagte Ritter ebenso wie die Novizen und die Krankenhausbediensteten; der Konvent bestätigt oder hebt auf die Urteile und Akten der Bewerbungen, wenn eine Berufung geltend gemacht worden ist, und er ist berechtigt, alle Handlungen zu annullieren, die ihm jedes Quartal durch die unteren Gerichtsbarkeiten vorgetragen werden.

21. Alle Akten des Konvents ebenso wie die der unteren Gerichtsbarkeiten werden jedes Jahr an die Versammlung der Komturei gesandt.

22. Die Konvente können sich nicht besondere Regeln geben; sie werden nach den Regeln des Ordens, den Gesetzen, den Dekreten geführt ebenso wie durch die Handlungen ihrer Zunge, ihrer Ballei und ihrer Komturei.

23. Die Ritter werden unter den Novizen-Stallmeistern ausgewählt.

24. Die Novizen-Stallmeister (Novitii Armigeri) werden unter den Postulanten ausgewählt.

25. Im Konvent, ausgenommen das Recht der Prinzen, werden die Ritter und Stallmeister zugelassen in Übereinstimmung mit Kapitel XXII, und die Novizen werden empfangen und die Ritter nach dem Ritual geweiht.

26. Es folgt das Gelübde, das die Ritter im Konvent ablegen, vorbehaltlich des Rechtes des Magistrats, und das sie mit ihrem Blut unterzeichnen:
In nomine Patris, et Filii, et Spiritus Sancti.
Ego N... N... (Namen der Religion und der Familie), Ordinis Templi Militiae Sanctae memet-ipsum ad praesens et in aevum devovens, libere solemniterque Obedientiae, Paupertatis et Castitatis sicut et Fraternitatis, Hospitalitatis ac Praeliationis Votum suscipere profiteor.
Quo voto firmam et non quassabilem edico voluntatem ad Religionis Christianae, Ordinis Templi Commilitonumque causam, tutelam et honorem maximamque illustrationem et ad Templi Sepulchrique Domini Nostri Jesu-Christi, Palestinae Orientisque Terrae et Patrum dominiorum recuperationem, gladium, vires vitamque et singula alia mea impendendi.
Regulae SANCTI PATRIS BERNARDI, Chartae Transmissionis, Regulis, Legibus, Decretis, singulisque aliis actis, secundum Ordinis Statua emissis, me submitendi, nullos Equites creaturus; nullosve titulos aut gradus ritusque et usus Ordinis proditurus, nisi patuerit ex Statutis licentia; omni denique modo, sive in Ordinis domibus; sive foras, et in quocumque vitae statu PRINCIPIBUS omnibusque et singulis in Militia Superioribus absolute obediturus.
Sic Fratres meos Equites Templi, Sororesque Equitissas in Charitate habendi ut ipsos Fratrumque Viduas et Liberos sicut et Sororum

Liberos, gladio, concilio, copiis, opibus, auctoritate, singulisque rebus meis adjuvem; Illosque semper et ubique nullo casu excepto, cuivis Commilitonum Templi non consorti praeferam;

Pios peregrinos tuendi, captivorum propter Crucem infirmorumque et pauperum subsidio simul et solatio in serviendi.

Infideles et incredulos, exemplo, virtute, bonis operibus, alloquiisque suasoriis oppugnandi: in Infideles autem et Incredulos gladio Crucem aggredientes, propter Crucem galdio praeliandi.

Ab omni impudicitia abhorrendi, et ad nullam carnis operam nisi debitam tantum cum uxore legitima accedendi.

Tandem, apud singulas quas adibo Gentes ibsarum salvo Religionis Ordinisque jure, legibus et moribus obtemperandi, Gentibus vero hospitalitate et amicitia Ordinem colentibus Civis et Equitis Fidelissimi sacra officia praestandi.

Haec sic coram Equitibus huicce Conventui adstantibus VOVEO ALTA VOCE, DICO et VOVERAE PROFITEOR. Quod Votum sanguine meo subsicno et confirmo atque in tabulas Conventuales iterum scribo et subsigno, subsignantibus supra dictis testibus.

Gloria Patri, et Filio, et Spiritui Sancto. AMEN.

Im Namen Gottes, des Vaters, des Sohnes und des Heiligen Geistes, ich, der Unterzeichner (Namen der Religion und der Familie), der ich mich ab jetzt und für immer der Heiligen Miliz der Templer weihe, erkläre frei und feierlich, das Gelübde des Gehorsams, der Armut und Keuschheit abzulegen wie auch der Brüderlichkeit, der Gastlichkeit und des Kampfes.

Mit diesem Gelübde erkläre ich den festen und unerschütterlichen Willen:

Mein Schwert, meine Kräfte, mein Leben und alles, was mir gehört, der Sache zu weihen, der Ehre und der Verteidigung der christlichen Religion, des Templerordens und meiner Waffenbrüder, zur Rückgewinnung des Tempels und des Grabmals von Jesus Christus, der Erde von Palästina und des Orients und der Domänen unserer Väter.

Mich der Regel des Heiligen Vaters Bernard zu unterwerfen, der Charta der Übertragung, den Regeln, den Gesetzen, den Dekreten und allen anderen Akten, die nach der Satzung des Ordens herausgegeben und verbreitet worden sind; keine Ritter zu schaffen, keine Titel, Grade, Riten oder Bräuche des Ordens mitzuteilen, wofern nicht diese Befugnis mir durch Patentbriefe nach der Satzung gewährt und delegiert wird, schließlich in jeder Weise und absolut sowohl in den Häusern des Ordens als auch außerhalb und in jedem Lebenszustand dem zu gehorchen, was mir die souveränen Prinzen des Ordens und jeder meiner Vorgesetzten in der Miliz befehlen werden.

Meine Brüder, die Ritter des Templerordens, und meine Schwestern, die Ritterfrauen, so zu lieben, dass ich ihnen helfe und sie unterhalte, die Witwen und die Kinder der Brüder und Schwestern, mit meinem Schwert, mit meinem Rat, mit meinem Vermögen, mit meinen Mitteln, mit meiner Autorität und mit allem dem, was in mir ist, und dass ich sie immer vorziehen werden allem und in jedem Fall ohne jede Ausnahme jedem, der nicht zur Ritterschaft des Templerordens gehört.

Die frommen Pilger zu schützen und zu helfen, zu trösten und zu erleichtern die Gefangenen für die Sache des Kreuzes, die Kranken, die Behinderten, die Verletzten und Armen.

Die Ungetreuen und Ungläubigen zu bekämpfen durch Beispiel, Tugenden, gute Werke und überzeugende Reden; mit dem Schwert zu Gunsten des Kreuzes zu kämpfen gegen die Ungläubigen und Untreuen, die das Schwert in der Hand das Kreuz angreifen und bekämpfen würden.

Mit Abscheu zu reagieren auf jede Schamlosigkeit und mich keinen fleischlichen Dingen hinzugeben, die nicht erlaubt sind, und nur mit einer legitimen Ehefrau.

Schließlich mich bei allen Nationen, zu welchen ich gehen werde, an ihre Gesetze und ihre Sitten anzupassen, vorbehaltlich der Dekrete der Religion und des Ordens, die heiligen Pflichten eines Bürgers und eines sehr treuen Ritters zu erfüllen bei allen Nationen, die dem Orden Gastfreundschaft und Freundschaft gewähren.

Dieses Gelübde erkläre ich abzulegen und lege es ab mit lauter Stimme vor und in Anwesenheit der Ritter, die an diesem Konvent teilnehmen: Dieses Gelübde unterzeichne und bestätige ich mit meinem Blut, ich *schreibe es nieder und unterzeichne es erneut in den klösterlichen Registern mit den oben genannten Rittern, die ich als Zeugen nehme. Gelobt sei Gott der Vater, der Sohn und der Heilige Geist. Amen. (1)"*

27. Niemand kann Anspruch auf das Noviziat geltend machen, wenn er nicht im vierten Grad vornehm ist.

28. Wenn derjenige, der sich für das Noviziat vorstellt, mit der Vornehmheit der Geburt, nicht seine Prüfungen des vierten Grades ausführen kann, ist es notwendig, ausgenommen Artikel 22 des Kapitel IV, dass er auf Grund eines ersuchenden Berichtes des Konvents, der durch die Versammlungen der Komturei, der Ballei und der Zunge gutgeheißen wird, von den Prüfungen durch den Magistrat befreit wird, der allein das Recht hierzu hat.
29. Derjenige, der sich dem Noviziat vorstellt mit der Empfehlung von hervorragenden Tugenden, aber ohne die Vornehmheit der Geburt, ausgenommen Artikel 22 des Kapitel IV, auf Grund eines ersuchenden Berichtes des Konvents, der durch die Versammlungen der Komturei, der Ballei, der Zunge sowie durch den satzungsmäßigen Rat und den präzeptoralen Gerichtshof genehmigt wird, kann die Eintragung in den Orden der Vornehmen im vierten Grad durch den Magistrat erlangen, der allein hierzu in der Miliz des Templerordens befugt ist.

30. Jeder Erlaß von Prüfungen und jede Einsetzung der Vornehmheit wird durch magistrale Patentbriefe verkündet. Diese Briefe enthalten die Vorschrift der Wappen, sie sind mit den Unterschriften und Siegeln der Prinzen versehen, sie sind gegengezeichnet durch den magistralen Sekretär, im Auftrag ihrer erhabenen Hoheiten, sie sind unterzeichnet durch den Groß-Seneschall und gesiegelt durch den Groß-Kanzler, sie werden ausgefertigt auf Verlangen, damit für ihn und seine Nachkommen alle Privilegien, Immunitäten und Ehren der Vornehmheit dann bestehen.

31. Niemand wird als Ritter des Templerordens geweiht, wenn er nicht zunächst ein bewaffneter Ritter war, und derjenige, der noch nicht bewaffnet war, muß dies sein, vorbehaltlich des Rechtes des Fürsten in einer klösterlichen Sitzung.

32. Die Ritter und die Novizen werden dem Gehorsam nur eines Konvents unterworfen, und in diesem Konvent, vorbehaltlich Artikel 8 des Kapitel XXII, haben die Ritter eine beratende Stimme aber niemals die Novizen, selbst für die Wahl eines Kandidaten für das Noviziat.

33. Kein Ritter oder Novize wird dem Gehorsam der Bewerbungen und der Einführungshäuser unterworfen, wofern dies nicht durch den Magistrat oder durch ein präzeptorales Urteil angeordnet worden ist; sie haben aber das Recht, hier mitzuberaten und den Vorsitz zu führen.

(1) Kommentar zum Gelübde: Dieses Gelübde schließt mehrere Bestimmungen ein, die, wenn sie falsch ausgelegt werden, unvereinbar erscheinen könnten mit dem Fortschritt der Erleuchtungen und Sitten des Jahrhunderts. Ich erkläre deshalb, dass ich die Darlegung akzeptiere, mit der verkündet wird:

- Dass durch das Gelübde der Armut der Orden die Ritter nicht einer absoluten Armut unterwerfen will, sondern dass er sie daran erinnern will, dass sie stets bereit sein müssen, ihr Vermögen mit Unglücklichen zu teilen, und um das Vermögen für die Erfordernisse des Ordens zu opfern;
- Dass das Gelübde, keusch zu sein und die Schamlosigkeit zu verabscheuen, die feierliche Verpflichtung ist, die Verpflichtung zu erfüllen, die die Gesellschaft jedem Mann auferlegt, nämlich daran zu arbeiten, seine lasterhaften Neigungen zu

besiegen, um weder die Würde noch die Sitten zu verletzen.

- Dass der Gehorsam, der den Prinzen und Würdenträgern des Ordens geschuldet wird, keineswegs die jedem Ritter auferlegte Pflicht ausschließt, sich als Mann dem natürlichen Recht anzupassen, als Bürger der Regierung seines Landes zu gehorchen;
- Schließlich dass die Templer keineswegs durch den Wunsch nach materiellen Eroberungen beherrscht werden, dass ihr Hauptziel nicht darin besteht, Domänen zurückzugewinnen, deren der Orden beraubt wurde, oder die Erde, die den Leib von Jesus Christus aufgenommen hat, sondern die Völker, die die Erde bedecken, für die christliche Moral zurückzugewinnen.

34. Aus keinem Grund kann ein Ritter aufhören, dem Orden anzugehören; wenn er jedoch als unwürdig beurteilt wurde für die Ehren der Ritterschaft oder des Militärdienstes, dann würde er in der Tafel des eigenen Konvents vermerkt und in den Tafeln der Konvente, der Abteien, der Postulationen und der Einführungshäuser mit einem der folgenden Sätze je nach dem Urteil:

Ab Equestribus honoribus suspensus;
Ab Equestri Militia interdictus;
Utraque Militia indignus.

35. Jeder Ritter ist gehalten, sofern dies nicht unmöglich ist, einmal in seinem Leben die Pilgerreise nach Palästina auszuführen und dort den Tempel des Heiligen Grabmales zu besuchen.

36. Jeder Ritter ist gehalten, sofern dies nicht unmöglich ist, einmal in seinem Leben die Pilgerreise zu der Stadt auszuführen, wo die Asche der drei berühmtesten Märtyrer aufbewahrt wird, und dort den Ort zu besuchen, wo das Martyrium begangen wurde.

37. Die dienenden Funktionen sowohl außerhalb als auch innerhalb des Konvents werden durch die dienenden Hospital-Brüder (Fratres-Servientes-Hospitalarii) ausgeübt.

38. Die dienenden Hospital-Brüder werden zugelassen nach Artikel 19 des Kapitel XXII, und sie werden nach dem Ritual dem klösterlichen Gehorsam unterworfen.

39. Die Konvente benutzen das kleine Siegel des Ordens mit dieser Aufschrift: Primi oder secundi, oder usw., usw., Conventus Commendariae N. (Name der Komturei) Sigill.

40. Die Konvente haben als Beaucéan den Beaucéan des Ordens, der in der Mitte in einem weißen Wappenschild den Namen der Komturei und die Nummer der Konstitution trägt.

41. Die Waffen des Priors ebenso wie die von jedem Ritter, der kein Benefizium genießt, setzen sich zusammen aus seinen Waffen der Familie und tragen darüber die Waffen des Ordens.

42. Die Waffen der Stallmeister-Novizen bestehen aus den Waffen der Familie und tragen darüber Silber.

Kapitel XIX

über die Abteien

Art. 1 – Eine Abtei (Abbatia) kann innerhalb der Gerichtsbarkeit von jeder Komturei errichtet werden.

2. Die Abteien setzen sich aus Profeß-Rittern (Equitissae) in unbestimmter Zahl zusammen.

3. Die in der magistralen Stadt errichtete Abteil hat den Titel magistrale Abtei des Mutterlandes (Abbatia Metropolitana Magistralis). Wenn der Magistrat seinen Sitz verlegt, übernimmt die Abtei den Titel Abtei der Komturei, wenn wegen des Sitzes der Zunge sie nicht mehr die Abtei im Mutterland ist.

4. Die am Sitz des Groß-Priors gebildete Abtei hat den Titel Abtei des Mutterlandes von N. (Name der Zunge).

5. Die erste in jeder Ballei gebildete Abtei hat den Titel Abtei der Komturei von N. (Name der Ballei).

6. Jede Abtei wird durch eine Ritterfrau geführt, die unbestimmt unter dem Titel Äbtissin (Abbatissa) durch die Äbtissin des Mutterlandes benannt wird.

7. Die Abteien werden durch den satzungsmäßigen Rat gebildet und nach den Regeln von 333 geführt (1451 des Gregorianischen Kalenders).

8. Nach denselben Regeln werden die Ritterfrauen unter den Stiftsdamen (Canonissae) ausgewählt und geweiht, und hiernach werden die Stiftsdamen zugelassen und empfangen.

Kapitel XX

über die Bewerbungen

Art. 1 – Innerhalb der Gerichtsbarkeit von jedem Konvent können Kapitel der Postulanten oder der Postulationen (Postulantium Capitula vel Postulantiae) gebildet werden.

2. Die Postualtionen werden durch den Einführungsrat eingesetzt.

3. Die Postulationen bestehen aus der Vereinigung in unbestimmter Anzahl der besten Anhänger und Postulanten des Pelikans (Postulantes Perfecti Pelicani Magistri).

4. In jeder Komturei werden die Postulationen nach der Reihenfolge ihrer Einführung bezeichnet, 1., 2., usw. usw.

5. Die erste eingerichtete Postulation innerhalb der magistralen Stadt hat den Titel der Groß-Postulation des Mutterlandes, der Magistrat, und wenn sie ihren Sitz verlegt, hat die Postulation den Titel Provinz-Großpostulation, wenn sie nicht wegen des Sitzes der Zunge eine Postulation des Mutterlandes ist.
6. Die erste am Sitz eines Groß-Priorats eingerichtete Postulation hat den Titel der Postulation des Mutterlandes N. (Name der Zunge).

7. Der Titel der Provinz-Großpostulation kann durch den Magistrat den Postulationen eingeräumt werden, die sich um den Orden verdient gemacht haben.

8. Es kann nur drei Provinz-Großpostulationen in der magistralen Zunge geben und zwei in jeder anderen: sie werden nach der Reihenfolge bezeichnet, in der sie diesen Titel empfangen haben.

9. Die Postulation wird durch den unbegrenzt benannten Präsidenten geführt unter dem Titel des sehr weisen Emmanuel (Sapientissimus Emmanuel) durch den eingesetzten Rat. Keiner kann mit diesem Titel genannt werden, wenn er nicht mindestens Novize ist.

10. Jedes Jahr werden unter den Postulanten neun Verwalter ausgewählt, von welchen jeder nach Ablauf seines Jahres wiedergewählt werden kann.

II. Die jährlichen Verwalter sind:

- Der Erste Gouverneur (Primus Gubernator); er ist Leutnant des sehr weisen Emmanuel;
- Der Zweite Gouverneur (Secundus Gubernator); er überwacht das Kapitel;
- Der Hospital-Redner (Orator Hospitalarius); er bekennt sich zur Doktrin und den Institutionen: er kennt alle Angelegenheiten der Postulation: er ist ihr Berichterstatter in der Konsistorialsitzung oder Kapitelsitzung: er wacht über die Einhaltung der Disziplin und aller gesetzlichen Akten: er ist der Garant ihrer Ausführung und verantwortlich für jeden Verstoß, der hiergegen begangen werden könnte, wenn er dies nicht dem sehr weisen Emmanuel oder dem Kapitular-Konsistorium oder den Vorgesetzten je nach Umständen meldet: er verteilt die Almosen;
- Der Kanzler (Cancellarius); er führt das Register aller Akten der Postulation und des Konsistoriums, und er bringt auf allen Ausfertigungen das Siegel der Postulation und seine eigene Unterschrift auf;
- Der Schatzmeister (Quaestor); er empfängt die Gelder der Postulation, er hinterlegt sie mit dem Siegel, den Registern und den wichtigen Titeln in einer Kasse, von der er einen von drei Schlüsseln verwahrt, während der sehr weise Emmanuel und der Kanzler die beiden anderen Schlüssel aufbewahren;
- Der Erste Kapitän der Garden (Primus Custodum Praefectus); er kommandiert die Außengarden des Kapitels: er überbringt dem Zweiten Kapitän der Garden die Befehle des Präsidenten;
- Der Zweite Kapitän der Garden (Secundus Custodum Praefectus); er kommandiert die Außengarden des Kapitels: er inspiziert das, was sich außerhalb tut und berichtet hierüber

dem Ersten Kapitän der Garden; er unterrichtet die neuen Anhänger;

- Der Zeremonienmeister (Solemnium Rituum Magister); er ist Vorgesetzter beim Zeremoniell der Sitzungen der Bewerbung: er kümmert sich um das Mobiliar und kommandiert die dienenden Brüder;

- Der Sekretär (Secretarius); er führt das Protokoll in den Sitzungen der Postulation und des Konsistoriums: er verzeichnet die Handlungen in den Registern und stellt Auszüge her unter Erwähnung der Unterschrift des Präsidenten, und er zeichnet gegen: Im Auftrag der Postulation oder des Kapitular-Konsistoriums oder des sehr weisen Emmanuel, der Sekretär-Verwalter, N.

12. Die Vereinigung der Verwalter der Postulation hat den Titel Kapitular-Konsistorium (Capitulare Consistorium).

13. Der sehr weise Emmanuel führt den Vorsitz im Kapitular-Konsistorium.

14. Jeder der Postulation vorgetragene Vorschlag muß an das Konsistorium gerichtet werden, und keine Handlung der Bewerbung ist gültig, ausgenommen die Bestimmungen des Kapitel XXII, wenn die Handlung nicht durch das Konsistorium vorgetragen wurde.

15. Die Konsistorialhandlungen werden nur ausgeführt, wenn sie durch die Postulation bestätigt worden sind.

16. Die Handlungen der Postulation und des Konsistoriums erfolgen mit der Mehrheit der Stimmen, ausgenommen die Artikel 9, 10 und 11 des Kapitel XXII. Der sehr weise Emmanuel entscheidet im Fall der Stimmengleichheit.

17. Die Postulation behandelt die Angelegenheiten der Postulation,

sie urteilt über Brüder der Postulation, die angeklagt worden sind, bestätigt oder hebt auf die Urteile und die Handlungen des Einführungshauses, wenn Berufung geltend gemacht wurde, und sie hat das Recht, alle Handlungen zu annullieren, die ihr jedes Quartal durch die Einführungshäuser übertragen werden.

18. Alle Handlungen der Postulation ebenso wie die der Einführungshäuser werden vierteljährlich dem Konvent übersandt.

19. Die Postulationen können sich nicht besondere Regeln geben; sie unterliegen den Regeln, den Gesetzen und Dekreten des Ordens ebenso wie den Handlungen der Zunge, des Amtsbezirks der Ballei, der Komturei und des Konvents.

20. Die Postulanten werden aus den Großanhängern des Schwarzen Adlers des Heiligen Apostels Johannes ausgewählt.

21. Vorbehaltlich des Rechtes der Prinzen, werden die Postulanten in der Postulation zugelassen nach Kapitel XXII; sie werden nach dem Ritual aufgenommen.

22. Die Postulanten werden dem Gehorsam nur einer Postulation unterworfen, und nur in dieser Postulation haben sie eine beratende Stimme, ausgenommen Artikel 8 des Kapitel XXII.

23. Kein Postulant wird dem Gehorsam der Einführungshäuser unterworfen, sofern er nicht so durch den Magistrat angewiesen wurde oder durch ein präzeptorales Urteil, aber sie haben das Recht, hier mit zu beraten und den Vorsitz zu führen.

24. Die dienenden Funktionen sowohl im Inneren als auch außerhalb der Postulationen werden durch die dienenden Brüder (Fratres Servientes) ausgeübt.

25. Die dienenden Brüder werden zugelassen nach Artikel 19 des Kapitel XXII, und sie sind dem Gehorsam der Postulation nach dem Ritual unterworfen.

26. Die Postulationen bilden ihr Siegel aus dem kleinen Siegel des Ordens, indem sie in der Mitte ein kleines schwarzes Wappenschild mit dem morgenländischen Kreuz aus Silber aufbringen, das mit einem kleineren westgallischen Kreuz versehen ist, das in der Mitte ein goldenes Delta führt, auf dem die unaussprechliche Parole eingeschrieben ist.

Die Aufschrift des Siegels lautet: Postulant. Prem. oder Secund., oder usw., N. (Name der Komturei) Sigill.

27. Die Postulationen haben als Stempel einen Pelikan, dessen Umschrift mit folgender Aufschrift umgeben ist: Urget Prolis Amor.

28. Die Fahne der Postulationen ist aus dem Baucéan des Ordens gebildet, überdeckt auf beiden Seiten durch eine kleinere schwarze Fahne, auf welcher die morgenländischen Kreuze von Artikel 26 dieses Kapitels aufgebracht sind: ein weißes Wappenschild, untergebracht im oberen Viertel und außen, trägt in Rot den Namen der Komturei und die Nummer der Einsetzung.

29. Der zuletzt aufgenommene der Bewerber trägt die Fahne und nimmt die Stimmen entgegen.

Kapitel XXI

über die Einführungshäuser

Art. 1 – Innerhalb der Gerichtsbarkeit von jeder Postulation können Einführungshäuser (Caetus Initiationis) eingerichtet werden.

2. Die Einführungshäuser werden durch den Einführungsrat eingerichtet.

3. Die Einführungshäuser bestehen aus der Vereinigung in unbestimmter Anzahl aller Eingeweihten.

4. Es gibt fünf Grade von Eingeweihten:

— Die Groß-Anhänger des Schwarzen Adler des Heiligen Apostels Johannes (Magni Aquilae Nigrae Sancti Joannis Apostoli Magistri);
— Die Anhänger des Morgenlandes (Magistri Orientales);
— Die Anhänger (Magistri);
— Die Eingeweihten des Inneren (Sodales);
— Die Eingeweihten (Tyrones).

5. In jeder Komturei werden die Einführungshäuser nach der Reihenfolge ihrer Einführung bezeichnet, 1., 2., usw.

6. Das erste Einführungshaus, das in der magistralen Stadt eingeführt wurde, hat den Titel des Groß-Einführungshauses des Mutterlandes; wenn der Magistrat seinen Sitz verlegt, hat das Haus den Titel des Einführungs-Großhauses der Provinz, sofern es wegen des Sitzes der Zunge nicht das Einführungshaus des Mutterlandes ist.

7. Das erste eingerichtete Einführungshaus am Sitz eines GroßPriorats hat den Titel Einführungshaus des Mutterlandes von N. (Name der Zunge).

8. Der Titel des Provinz-Großhauses der Einführung kann durch den Magistrat den Einführungshäusern gewährt werden, die sich um den Orden verdient gemacht haben.

9. Es kann nur drei Provinz-Großhäuser der Einführung in der magistralen Zunge geben und zwei in jeder anderen. Sie werden nach der Reihenfolge bezeichnet, in der sie diesen Titel erhalten haben.

10. Das Einführungshaus wird geführt durch einen Präsidenten, der unbegrenzt benannt wird, nämlich unter dem Titel des ehrwürdigen Dekans (Venerandus Decanus), und zwar durch den Einführungsrat; niemand kann mit diesem Titel benannt werden, wenn er nicht mindestens ein Bewerber ist.

11. Von Jahr zu Jahr werden unter den Großanhängern des Schwarzen Adlers des Heiligen Apostels Johannes elf Verwalter ausgewählt, von welchen jeder nach Ablauf seines Jahres wiedergewählt werden kann.

12. Die jährlichen Verwalter sind:

–   Der Ehrwürdige (Venerabilis); er ist der Leutnant des ehrwürdigen Dekans;
–   Der Inspekteur der Garden (Custodum Praefectus); er überwacht das Haus;
–   Der Hospitalier-Zensor (Censor Hospitalarius); er bekennt sich zur Doktrin und den Einrichtungen;er kennt alle Angelegenheiten des Hauses. Er ist ihr Berichterstatter beim Haus und beim Konsistorium; er wacht über die Einhaltung der Disziplin und aller gesetzlichen Akte; er ist der Garant für ihre Ausführung, und er ist verantwortlich für jeden Verstoß, der hier begangen werden könnte, wenn er dies nicht dem ehrwürdigen Dekan, dem Konsistorium oder den Oberen meldet, je nach Umständen; er ist der Spender von Almosen;
–   Der Kanzler (Cancellarius); er führt das Register aller Handlungen des Hauses und des Konsistoriums, und er bringt auf

allen Ausfertigungen das Siegel des Hauses und seine eigene Unterschrift auf;

- Der Schatzmeister (Quaestor); er empfängt die Gelder des Hauses, er hinterlegt sie zusammen mit den Siegeln und den Registern, den wichtigen Titeln in einer Kasse, für die er einen der drei Schlüssel aufbewahrt. Der ehrwürdige Dekan und der Kanzler verwahren die beiden anderen Schlüssel;
- Vier Wächter (Custodes); die einen tragen die Befehle des Präsidenten nach draußen, die anderen inspizieren das, was draußen geschieht, und berichten hierüber an den Inspekteur der Wächter: der letzte der Wächter unterrichtet in der Miliz die Eingeweihten von jedem Grad;
- Der Zeremonienmeister (Solemnium Rituum Magister); er ist der Vorgesetzte bei der Zeremonie der Versammlungen, er überwacht das Mobiliar;
- Der Sekretär (Secretarius); er führt das Protokoll in den Sitzungen des Hauses und des Konsistoriums. Er verzeichnet die Handlungen in den Registern, stellt Ausfertigungen aus und erinnert an die Unterschrift des Präsidenten und zeichnet gegen: Im Auftrage des Einführungshauses oder des Konsistoriums des Hauses oder des verehrungswürdigen Dekans, der Verwaltungssekretär, N.

13. Die Vereinigung der Verwalter des Hauses hat den Titel Konsistorium Caetuel (Caetuale Consistorium).

14. Der Ehrwürdige Dekan führt den Vorsitz im Konsistorium.

15. Jeder dem Haus der Einführung vorzulegende Vorschlag muß an das Konsistorium gerichtet werden, und keine Handlung des Hauses ist gültig, vorbehaltlich der Bestimmungen des Kapitel XXII, wenn sie nicht durch das Konsistorium vorgeschlagen worden ist.

16. Die Konsistorialhandlungen werden nur ausgeführt, wenn sie durch das Haus bestätigt worden sind.

17. Die Handlungen des Hauses und des Konsistoriums erfolgen mit Stimmenmehrheit, ausgenommen die Artikel 9, 10 und 11 des Kapitel XXII. Der Verehrungswürdige Dekan entscheidet im Fall der Stimmengleichheit.

18. Die Anhänger des Morgenlandes, die Anhänger, die Eingeweihten des Inneren, die Eingeweihten nehmen an den Sitzungen des Hauses teil, bei welchen es sich um die Grade handelt, für die sie selbst vorgeschlagen worden sind: sie haben dort eine beratende Stimme, stimmen aber nicht mit ab, ausgenommen den Fall, der durch Artikel 9 des Kapitel XXII vorgesehen ist.
19. Das Einführungshaus behandelt die Angelegenheiten, die dieses Haus betreffen, und urteilt über die ihm unterstellen Brüder, die angeklagt wurden.

20. Alle Akten des Einführungshauses werden vierteljährlich an die Postulation gesandt.

21. Die Einführungshäuser können sich nicht besondere Regeln geben. Sie werden nach den Regeln des Ordens, nach den Gesetzen, Dekreten sowie durch die Handlungen der Zunge, des Amtsbereiches der Ballei, der Komturei, des Konvents und der Postulation geführt.

22. Vorbehaltlich des Rechtes der Prinzen erfolgt die Zulassung der Eingeweihten nach Kapitel XXII und ihre Aufnahme nach dem Ritual.

23. Die Eingeweihten unterliegen dem Gehorsam nur eines Hauses, und in diesem Haus allein, vorbehaltlich Artikel 8 des Kapitel XXII, stimmen die Groß-Anhänger des Schwarzen Adlers ab.

24. Die dienenden Funktionen der Einweihungshäuser sowohl im Inneren als auch außerhalb werden durch die dienenden Brüder ausgeführt.

25. Die dienenden Brüder werden nach Artikel 19 des Kapitel XXII zugelassen und unterliegen dem Gehorsam des Hauses nach dem Ritual.

26. Die Einführungshäuser bilden ihr Siegel aus dem kleinen Siegel des Ordens, indem sie in der Mitte in kleines silbernes Wappenschild einbringen, das mit Sternen umgeben ist und einen schwarzen Adler trägt, der mit dem heiligen Delta gekrönt wird und der in seinen Fängen ein silbernes Band trägt mit folgenden Buchstaben: H.C.F., die Aufschrift des Siegels Init. Caet. Prim. oder Secundi oder usw., Commendar. (Name der Komturei) Sigill.

27. Der Stempel der Einführungshäuser ist ein blitzendes Delta in den Wolken.

28. Die Einführungshäuser haben zwei Fahnen, die aus dem Baucéan des Ordens gebildet sind, der eine auf beiden Seiten durch eine kleinere Fahne verschleiert, in vier Teile geteilt und mit einem Kreuz verziert ist. Das Kreuz der ersten Fahne ist fahlrot, das obere Viertel auf der Seite des Spießes ist blau, das andere rot; das untere Viertel bei dem Spieß ist rot, das andere blau; das Kreuz der zweiten Fahne ist weiß; das obere Viertel beim Spieß hat die Farbe der Morgenröte, das andere Viertel ist schwarz; das untere Viertel beim Spieß ist schwarz, und das andere Viertel hat die Farbe der Morgenröte; auf jedem schwarzen Viertel befindet sich ein weißes Wappenschild, das den Adler des Siegels trägt; schließlich befindet sich in der Mitte der Fahne in der Mitte des Ordensbandes der Name der Komturei und die Nummer der Einführung.

29. Die beiden zuletzt aufgenommenen der Groß-Anhänger des Schwarzen Adlers tragen die Fahnen und nehmen die Stimmen entgegen.

Kapitel XXII

über die Zulassungen

Art. 1 – Keiner kann zur Einweihung erscheinen, wenn er nicht Christ ist und wenn er nicht liberal erzogen wurde, wenn er nicht ehrenhaft ist und wenn nicht seine Sitten, seine Loyalität, seine Höflichkeit ihn empfehlenswert machen.

2. Nichtsdestoweniger können zu Gunsten ihres Talentes in der unteren Miliz jene genehmigt werden innerhalb eines geringeren Standes, die als nützliche Brüder für den Orden beurteilt würden.

3. Ausgenommen das Recht der Prinzen ist keiner zur Einweihung zugelassen noch zu irgendeinem Grad, wenn er nicht einen von ihm unterzeichneten Antrag (Petitio) vorgelegt hat, und dieser Antrag ist nichtig, wenn ein mindestens mit dem beantragten Grad beförderter Bruder den Antrag nicht durch seine Unterschrift und durch einen Bericht über den Kandidaten bestätigt.

4. Der Antrag wird auf der Sitzung durch den Präsidenten verlesen, der alle Brüder auffordert, sich sorgfältig über den Kandidaten zu erkundigen.

5. Die an den Konvent gerichteten Anträge werden durch den Sekretär allen Konventen der Zunge mitgeteilt, welche vier Monate Zeit haben, um zu antworten.

6. Die an ein unteres Haus gerichteten Anträge werden durch den

Sekretär allen Häusern desselben Grades mitgeteilt, die in einer Ballei eingerichtet worden sind; sie haben zwei Monate Zeit, um zu antworten.

7. Wenn nach Ablauf der vorgeschriebenen Zeit kein Einspruch erfolgt ist, wird der Antrag einer geheimen Abstimmung unterworfen. Die Abstimmung ist wie folgt vorgesehen: Zustimmung oder nicht Zustimmung (er soll zugelassen werden, oder er soll nicht zugelassen werden).

8. Jeder Bruder kann in gleich welcher Versammlung abstimmen, wenn es sich um Kandidaten eines Grades handelt, den er selbst besitzt, ausgenommen Novizen in den klösterlichen Versammlungen. Auf keinen Fall haben die dienenden Brüder ein Stimmrecht.

9. Wenn eine oder mehrere Stimmen negativ sind, wird der Antrag auf die nächste Versammlung zurückgestellt und erneut zu einer geheimen Abstimmung gebracht. Jetzt sind dann aber die negativen Stimmen nichtig, wenn sie nicht die Gründe der Ablehnung angeben. Es steht den Brüdern frei, diese Erläuterung durch einen anderen niederschreiben zu lassen.

10. Die Gründe für die Weigerung werden unverzüglich dem Konsistorium durch den Präsidenten übermittelt, und wenn sie als legitim und ausreichend betrachtet werden, wird der Antrag unbegrenzt ausgesetzt.
Wenn aber das Konsistorium die Weigerungsgründe nicht zugelassen hat, wird der Präsident hierüber der Versammlung Rechenschaft ablegen. Die Diskussion beginnt hierüber, und die Brüder stimmen in geheimer Abstimmung entweder mit Zustimmung (er ist zuzulassen) oder mit nicht Zustimmung (er ist nicht zuzulassen): wenn mindestens ein Zehntel der Stimmen negativ ist, wird der Antrag nicht zugelassen.

11. Dieselbe Art der Beratung erfolgt in den zu den Anträgen befragten Häusern. Sie müssen im Fall der Ablehnung die Gründe hierfür liefern, und der Antrag kann nicht zugelassen werden, solange die Weigerung fortbesteht.

12. Jedes Haus sendet an den Groß-Prior der Zunge eine unterzeichnete und gesiegelte Urkunde von jeder Zulassung und Nichtzulassung. Der Groß-Prior übersendet die Urkunde an den Magistrat, der dies allen Häusern des Ordens mitteilt.

13. Kein Haus kann, es sei denn, dass der Magistrat dies angeordnet hat, über den Antrag einer Person beraten, die sich bereits einem anderen Haus des Ordens vorgestellt hat.

14. Abgesehen von magistralen Schreiben der Befreiung wird niemand zu einem Grad befördert, sofern er nicht den unmittelbar darunter befindlichen Grad innehatte.

15. Abgesehen von magistralen Schreiben der Befreiung gelangt niemand von einem Grad zu einem unmittelbar höheren Grad, bevor die Frist eines Jahres verstrichen ist.

16. Abgesehen von magistralen Schreiben der Befreiung wird niemand vor dem gesetzlich vorgeschriebenen Alter zugelassen. Das gesetzlich vorgeschriebene Alter beträgt für den Eingeweihten fünfzehn Jahre, für den Eingeweihten des Inneren sechzehn Jahre, für den Anhänger siebzehn Jahre, für den morgenländischen Anhänger achtzehn Jahre, für den Groß-Anhänger des Schwarzen Adlers neunzehn Jahre, für den Postulanten zwanzig Jahre, für den Novizen und den Ritter einundzwanzig Jahre.

17. Ausgenommen das Recht der Prinzen können in einer Sitzung nicht mehr als drei Ritter geweiht werden, wofern nicht der Groß-Prior der Zunge hierfür die Erlaubnis erteilt.

18. Die Abkommen der Tempelritter, die Ritter des Ordens Christi, jene des Deutschen Ordens, die Väter der Gnade und der Erlösung von Gefangenen können mit Genehmigung der Versammlung der Zunge in allen unteren Häusern zugelassen und zum Noviziat befördert werden. Sie sind nicht zum Ablegen des Eides gehalten.

19. Die Diener der einen und der anderen Miliz werden durch die Konsistorien zugelassen und als Christen genommen, die durch ihre Sitten und ihre Treue bekannt sind. Sie werden zur einfachen Einführung in das nächste Einführungshaus geschickt.

Kapitel XXIII

über die Ordenstracht

Art. 1 – Die Ordenstracht für die Ablegung der Ordensgelübde und die Insignien des Ordens werden wie folgt geregelt:
- Eine Leinenbinde um die Taille.
- Der Ring des Ablegung der Gelübde des Ordens, auf welchem das Kreuz des Ordens und die Buchstaben P.D.E.P. glänzen, eingraviert innerhalb der Namen der Religion und der Familie und des Datums der Ablegung der Gelübde, wird am Zeigefinger der rechten Hand getragen.
- Eine weiße Chlamys aus Wolle, verziert, auf der linken Seite, des Kreuzes des Ordens, rot, aus Wolle.
- Ein rotes Halsband, mit weißem Rand, aus Seide, an dem das klösterliche Kreuz aufgehängt ist.
- Ein weißer Gürtel aus Seide, dessen Teile, verziert mit dem Kreuz des Ordens, rote Fransen haben.
- Ein weißer Mantel aus Wolle, verziert, auf der linken Seite, mit dem Kreuz des Ordens, rot, aus Wolle.
- Eine weiße Mütze aus Wolle, verziert mit einer roten Quaste aus Wolle und mit einer Feder derselben Farbe.

- Weiße Oberschenkelhosen aus Wolle.
- Fahlgelbe/rote Stiefel, mit rotem Rand.
- Sporen aus Gold.
- Das Schwer des Ritters mit silbernem Griff in der Form des Kreuzes, verziert mit dem Kreuz des Ordens.

2. Die Ritter tragen außerdem je nach ihrer Würde:
- Den Baltée des Großkreuzes, weiß, aus Seide, an dem das Großkreuz des Ordens, rot, aufgehängt wird.
- Das Comitien-Halsband, weiß, mit rotem Rand, aus Seide, an dem das klösterliche Kreuz mit einem roten Band mit weißem Rand aufgehängt wird.
- Das dreifache Bändchen des Adjutanten mit der entsprechenden Farbe für jeden Fürsten, das an der rechten Schulter befestigt wird.

3. Für die Prinzen:
- Die Chlamys wird gefüttert und mit Hermelin gesäumt, verziert mit einem großen Brustkreuz des Ordens, rot, aus Wolle.
- Das Halsband ist aus Gold in der Form eines Rosenkranzes mit 81 ovalen Perlen, emailliert und rot, mit Ausnahme von jeder neunten Perle, die weiß ist, außerdem größer als die anderen und verziert mit den Buchstaben I und H, miteinander durch Bindestrich I-H verbunden, die erste Perle rot, die zweite schwarz, beide umgeben mit grünen Palmenzweigen.
- Der Baltée des Großkreuzes wird durch einen goldenen Rosenkranz ersetzt, dessen Perlen emailliert und weiß sind.
- Die Fransen des Gürtels sind aus Gold.
- Der Mantel ist gefüttert und mit Hermelin besäumt.
- Die Mütze ist aus Hermelin, umgürtet bei Feierlichkeiten mit einem goldenen Diadem, normalerweise mit einem

Bändchen und einer goldenen Quaste, ebenso wie mit drei goldenen Federbüschen.

- Die Oberschenkelhosen sind aus Seide und mit Gold gesäumt.
- Die Stiefel sind weiß, mit einem goldenen Saum, mit roten Absätzen.
- Der Griff des Schwertes ist aus Gold und mit Rubinen verziert.
- Die anderen Insignien sind:
- Der magistrale oder patriarchalische Ring, verziert mit einem Rubin, wird am Ringfinger der rechten Hand getragen.
- Der magistrale oder patriarchalische Stab, aus Gold, auf dem das Kreuz des Ordens die Weltkugel überragt.

4. Für die Minister des präzeptoralen Gerichtshofes:
- Die Chlamys wird gefüttert und mit Zobel gesäumt.
- Das Halsband ist das Comitien-Halsband.
- Die Fransen des Gürtels sind rot und von Gold.
- Der Mantel wird gefüttert und mit Zobel gesäumt.
- Die Mütze ist aus Seide, mit Zobel gesäumt, geschmückt mit einer Quaste aus roter Seide und Gold und mit drei Federn, wobei: die des Obersten Hofmeisters ist schwarz, die der beiden anderen sind die erste schwarz, die zweite weiß, und die dritte hat für jeden Groß-Hofmeister die Farbe des Fürsten, dessen Halb-Fürstentum er verwaltet: rot für Europa, Morgenrot für Asien, grün für Afrika, violett für Amerika und schließlich für den Groß-Seneschall und den magistralen Sekretär weiß mit rotem Rand.
- Die Oberschenkelhosen sind schwarz, aus Seide, mit Goldrand.
- Die Stiefel sind schwarz, mit Goldrand und mit roten Absätzen.

Der Handgriff des Schwertes ist aus Gold.

5. Für die Konsistorial-Berater, die Palatin-Berater und die Berater der Zunge:
- Das Halsband ist das Comitien-Halsband.
- Die Chlamys, der Mantel und die Mütze haben einen roten Rand.
- Die Mütze ist mit zwei Federn geschmückt, die eine weiß, die andere rot.

6. Für die Baillis ist die Feder der Mütze weiß mit rotem Rand.

7. Für die Komture ist die Feder der Mütze rot mit weißem Rand.

8. Die Ordenstracht und die kirchlichen Insignien sind:
Für den Primas:
- Ein Bändchen aus Leinen um die Taille.
- Der Ring der Ablegung der Gelübde.
- Der bischöfliche Ring.
- Das weiße Unterkleid aus Wolle mit rotem Rand, verziert auf der linken Seite mit dem Kreuz des Ordens, rot, aus Wolle.
- Das Comitien-Halsband.
- Der magistrale Gürtel.
- Der weiße Mantel aus Wolle, verziert auf der linken Seite mit dem Kreuz des Ordens, rot, aus Wolle, gefüttert mit Zobel und gesäumt mit Hermelin.
- Die kirchliche Mütze, rot, aus Seide, gesäumt mit Hermelin, mit der Quaste aus roter Seide und Gold.
- Die Oberschenkelhosen weiß, aus Seide.
- Die roten Stiefel mit Goldrand.
- Die Gold-Sporen.
- Das hofmeisterliche Schwert.
- Und bei Feiern (in Divinis):
- Das Chorhemd aus Leinen.
- Das Chorhemd des Primas.

- Die Stola aus weißer Seide, mit Fransen und Stickereien aus Gold.
- Die Mitra aus Gold.
- Der bischöfliche Stab.
- Für die General-Koadjutoren dieselben mit Ausnahme des Mantels, der nicht gesäumt ist.
- Die Stola, die weiß ist, aus Seide, mit roten und Goldfransen.
- In Gegenwart des Primas trägt ein General-Koadjutor, wenn er nicht zelebriert, weder den Rosenkranz noch die Mitra noch den Bischofstab.
- Für die Koadjutoren dieselben, mit Ausnahme des Rosenkranzes.
- Die Stola ist weiß, aus Seide, mit roten Fransen.
- Das Schwert ist das Schwert der Ritter; die Stiefel sind rot.
- Die Kaplane tragen die Ordenstracht und die Insignien des Ritters, indem sie allerdings das weiße Unterkleid verwenden, mit rotem Rand, mit der Quaste in derselben Farbe, aus Seide.
- Wenn sie zelebrieren, haben sie ein Chorhemd aus Leinen und eine Stola aus roter Seide mit weißen Fransen.

9. Die Ordenstracht der Novizen ist:
- Eine weiße Chlamys aus Wolle.
- Eine Dalmatika, ebenso.
- Ein weißes Halsband aus Seide, an dem das klösterliche Kreuz aufgehängt wird.
- Ein weißer Gürtel mit gleichen Fransen, die Enden verziert mit einem weißen Kreuz.
- Eine weiße Mütze aus Wolle.
- Die Oberschenkelhosen weiß, aus Wolle.
- Rotgelbe Stiefel.
- Schwarze Sporen.
- Ein Schwert mit Stahlgriff in Form des Kreuzes.

10. Die dienenden Hospital-Brüder sind gekleidet:

- Mit einer schwarzen Chlamys, aus Wolle, und darüber ein weißes Skapulier und ein schwarzes Halsband, aus Wolle, mit weißem Rand, an dem ein morgenländisches schwarzes Kreuz mit weißem Rand aufgehängt wird, mit einem weißen Wollgürtel mit schwarzem Saum.
- Die Oberschenkelhosen schwarz, aus Wolle.
- Und mit schwarzen Stiefeln.

11. Die Ordenstracht der Postulanten ist:

- Eine grüne Dalmatika aus Wolle.
- Ein schwarzes Halsband aus Seide, an dem ein morgenländisches Kreuz aus Gold, weiß emailliert, aufgehängt wird, versehen mit einem kleineren roten und in der Mitte mit einem goldenen Delta, tragend das unaussprechliche Versprechen. Die Rückseite dieses Kreuzes trägt an ihren Enden die vier Buchstaben I.N.R.I. und in der Mitte die Worte: In hoc signo vinces.
- Eine grüne Mütze aus Wolle.
- Ein weißer Gürtel aus Seide, dessen Enden weiße Fransen haben, verziert mit einem schwarzen lateinischen Kreuz, mit rotem Rand.
- Ein Schwert.

12. Die Insignien der Groß-Anhänger des Schwarzen Adlers des Heiligen Apostels Johannes sind:

- Ein schwarzer Baltée aus Seide, auf dem sich in einem weißen Wappenschild der Adler von Artikel 26 des Kapitels XXI befindet.
- Ein silbernes morgenländisches Kreuz am Fuß des Baltée.
- Ein gesticktes silbernes Kreuz auf der linken Seite und golden strahlend und in der Mitte schwarz, umgeben in Rot und mit folgenden Worten: Ehre, Barmherzigkeit, Treue.
- Ein weißer Gürtel aus Seide mit gleichen Fransen, an deren

Enden sich ein lateinisches Kreuz in der Farbe des Baltée befindet.
– Ein Triangel von Leder, weiß, Farbrand von Baltée.
– Ein Schwert.

13. Die Insignien der Morgenland-Anhänger sind dieselben, ausgenommen die Farbe des Baltée. Es ist hier die Farbe der Morgenröte und ohne Verzierung.

14. Die Insignien der Anhänger sind dieselben, ausgenommen die Farbe des Baltée. Sie ist hier rot.

15. Die Insignien der inneren Eingeweihten sind dieselben, ausgenommen die Farben von Baltée und des gestickten Kreuzes; die Farben des Baltée und des gestickten Kreises des Kreuzes sind blau; das Zentrum dieses Kreuzes ist rotgelb.

16. Die Eingeweihten tragen nur:
– Das gestickte Kreuz der inneren Eingeweihten.
– Die weiße Schärpe aus Seide mit weißen Fransen.
– Das weiße Lederdreieck, gesäumt in rotgelb.
– Ein Schwert.

17. Die aufgenommenen Brüder in der unteren Miliz empfangen zu Gunsten ihrer Fähigkeiten unabhängig von den Zeichen ihres Grades ein Kreuz des Ordens, weiß emailliert, das sie auf der linken Seite mit einem schwarzen Bändchen aufhängen, das in der Farbe der Morgenröte gesäumt ist.

18. Die dienenden Brüder der Postulationen und der Einführungshäuser haben einen rotgelben Gürtel und ein rotgelbes Lederdreieck.

19. Die Brüder der einen und anderen Miliz sind gehalten, immer und an allen Orten die Ordenstracht zu tragen und die ihren ent-

sprechenden Graden zugewiesenen Insignien. Diejenigen der unteren Grade sind ihnen verboten, wenn es nicht für die Fürsten ist.

Kapitel XXIV

über die Ehren

Art. 1 – Bei der Ankunft eines Prinzen kommen vor ihm Waffen und Fahnen zum Gruß, alle Brüder im Anschluß an den Präsidenten von jedem Haus; und in jeder Versammlung, an der der Prinz teilnimmt, spricht der Präsident nur in seinem Namen.
2. Bei Ankunft eines Ministers des Ordens kommen vor ihm die Waffen und Fahnen zum Gruß, der Präsident, der Kanzler, der Zeremonienmeister und acht Brüder; in der Versammlung wird ihm der Vorsitz angeboten.

3. Bei der Ankunft jedes anderen Generals oder Großkreuzritters kommen vor ihm Waffen und Fahnen zum Gruß, der Vizepräsident, der Kanzler, der Zeremonienmeister und acht Brüder; in der Versammlung wird ihm der Vorsitz angeboten.

4. Bei der Ankunft eines Bailli, eines Komturs und (in seiner Zunge, aber nicht in seinem Haus) des Priors des Mutterlandes kommen vor ihm Waffen und Fahnen zum Gruß, der Kanzler, der Zeremonienmeister und sieben Brüder; in der Versammlung wird ihm der Vorsitz angeboten.

5. Bei Ankunft eines Priors unter seinem Gehorsam (aber nicht in seinem eigenen Haus) kommen vorneweg Waffen und Fahnen zum Gruß, der Zeremonienmeister und sechs Brüder; der Vorsitz wird ihm in der Versammlung der Bewerbung und des Einführungshauses angeboten.

6. Bei der Ankunft eines Ritters gehen ihm voraus die Waffen und Fahnen als Gruß, für jede Postulation oder Einführungshaus der Zeremonienmeister und fünf Brüder; in der Versammlung derselben Häuser wird ihm der Vorsitz angeboten.

7. Bei der Ankunft eines Novizen gehen ihm voraus Waffen und Fahnen als Gruß, für jede Postulation oder Einführungshaus der Meister der Zeremonien und vier Brüder; in der Versammlung derselben Häuser wird ihm der Vorsitz angeboten.

8. Bei der Ankunft eines Bewerbers gehen voraus der Zeremonienmeister eines Einführungshauses mit zwei Brüdern.

Kapitel XXV

über die Titel

Art. I – Die Titel eines Prinzen des Ordens sind:
Sehr große hochwürdigste Hoheit, sehr mächtiger und sehr hervorragender Prinz, durchlauchter Herr (Monseigneur).

2. Die Titel eines Ministers des präzeptoralen Gerichtshofes sind:
Exzellenz sehr großer und sehr berühmter Herr, (Monseigneur) sehr geehrter Bruder.

3. Die Titel eines Konsistorial-Ratsmitgliedes, eines Palatin-Ratsmitgliedes oder eines Ratsmitgliedes der Zunge sind:
Erlauchter und sehr verehrter Herr Berater, (Messire) sehr vornehmer Bruder.

4. Nichtsdestoweniger sind die Titel eines Groß-Priors in seinem Gehorsam ebenso wie eines magistralen Legats und eines Nuntius in der Mission:

Exzellenz, sehr erhabener und sehr verehrter Herr, (Monseigneur) sehr respektabler Bruder.

5. Die Titel eines Bailli oder eines Komtur sind:
(Messire) Erlauchter und sehr edler, Herr Bailli oder Komtur, sehr würdiger Bruder, und in seinem Gehorsam, sehr achtenswerter Bruder.

6. Die Titel eines Priors des Mutterlandes sind:
In seiner Zunge: Erhabener und sehr edler Herr Prior des Mutterlandes, sehr achtenswerter Bruder.

7. Die Titel eines Priors sind:
Sehr edler und sehr geehrter Herr Prior, sehr würdiger Bruder; und in seinem Gehorsam, sehr achtenswerter Bruder.
8. Die Titel des Primas und von jedem Generalkoadjutor sind:
minenz, sehr großer und sehr erhabener Herr, (Monseigneur) hochwürdiger Bruder.

9. Die Titel eines Koadjutors sind:
Sehr erhabener und sehr geehrter Herr, (Monseigneur) hochwürdigster Bruder.

10. Die Titel eines Kaplans sind:
Sehr edler und sehr geehrter Herr Kaplan, (Messire) verehrter Bruder.

11. Die Titel eines Ritters sind:
Sehr edler und sehr treuer Herr Ritter, (Messire) sehr würdiger Bruder.

12. Der Titel eines Novizen ist:
Edler, treuer und sehr lieber Bruder, Herr Novize.

13. Der Titel eines sehr weisen Emmanuel ist:

Sehr weiser und sehr lieber Bruder.

14. Der Titel eines ehrbaren Dekan ist:
Ehrbarer und sehr lieber Bruder.

15. Der Titel eines Bruders der unteren Miliz ist:
Sehr lieber Bruder.

16. Die dienenden Brüder werden in den Konventen genannt:
Dienende Hospital-Brüder, und in den unteren Häusern: Dienende
Brüder.

Kapitel XXVI

über die Unterschriften

Art. 1 – Der Großmeister, der ein dreifaches Kreuz und die Initiale
F. voransetzt, unterzeichnet mit seinem Namen der Religion.

2. Jeder Generalleutnant, der ein dreifaches Kreuz und die Initiale
F. voransetzt, unterzeichnet mit seinem Namen der Religion und
dem seines Generalleutnants.

3. Jeder General oder andere mit dem Großkreuz ausgezeichnete
Bruder setzt ein doppeltes Kreuz voraus und die Initiale F. und un-
terzeichnet mit seinem Namen der Religion und seinem höchsten
Benefizium-Namen oder mit seinem Familiennamen, wenn er kein
Benefizium besitzt.

4. Jeder nicht mit dem Großkreuz ausgezeichnete Ritter setzt ein
einfaches Kreuz voraus und die Initiale F. und unterzeichnet in derselben Weise.

5. Der Novize unterzeichnet nach der Initiale F. mit seinen Namen der Religion und der Familie und endet mit einem einfachen Kreuz.

6. Jeder Bruder der unteren Miliz unterzeichnet nach der Initiale F. mit seinem Familiennamen.

Kapitel XXVII

über das Protokoll der Kanzlei

Art. 1 – Am Kopf aller Urkunden des Ordens wird geschrieben: Zum höchsten Ruhm Gottes durch ihre hervorragendsten Hoheiten, die souveränen Prinzen des Ordens.

2. Die Überschrift der souveränen Urkunden lautet wie folgt: N., N., N., N., N., (Namen der Prinzen), durch die Gnade Gottes und die Stimmen unserer Brüder, souveränen Prinzen des Ordens, an alle jene, die diese Urkunde sehen werden, SALUT, SALUT, SALUT.

3. Die souveränen Urkunden enden so: Ausgefertigt in N., (Name der magistralen Stadt), in unserem magistralen Palast, am N. Tag des Mondes von N., im Jahr des Ordens N., dem Jahr N. des Magistrats, dem N. des Monats von N., des Jahres N., indem man verwendet: 1. den Tag des Mondes und des Jahres des Ordens; 2. des Jahres des herrschenden Magistrats, 3. des Tages, des Monats und des Jahres der Geburt von N.S.J.-C.

4. Die Jahre des Ordens werden ab der Gründung des Templerordens gezählt, dem Jahr 1118.

5. In den Häusern der unteren Miliz werden die Jahre von neuntausend Jahren vor der Gründung des Templerordens gezählt.

6. Das Jahr ist ein Mondjahr, beginnend mit dem österlichen Mond, nach Art des kirchlichen Jahres des Exordiums, Kapitel XII, v. 2, korrigiert nach der Berechnung der modernen Juden.

7. Es folgt die Reihenfolge der Monate: Nisan, Tab, Sivan, Thamuz, Aab, Elul, Tichri, Marshevan, Cisleu, Tebeth, Schebeth, Adar und in den Jahren der Einschaltung eines Monats in den Kalender Véadar.

Kapitel XXVIII

über die allgemeinen Artikel

Art. I – Die Brüder der einen und der anderen Miliz, die Ritter und Stiftsdamen werden der Rechtsprechung des Ordens und ihrer entsprechenden Häuser unterworfen, nach der aufgestellten Hierarchie, Kapitel II.

2. Die dienenden Hospital-Brüder können nicht in den Einführungshäusern dienen, wenn der Präsident nicht mindestens Novize ist.

3. Die verbotenen oder abgesetzten Brüder der Miliz können in keiner anderen Versammlung des Ordens zugelassen werden, solange wie das Urteil nicht widerrufen worden ist.

4. Alle Patentbriefe der Ablegung der Gelübde sind nichtig, wenn sie nicht durch den Magistrat selbst gewährt, in der Großkanzlei eingetragen und im Groß-Amtsbezirk des Seneschall eingetragen sind, wenn sie nicht im eigenen Konvent vermerkt sind, mit Unterschrift durch das Groß-Konsistorium desselben Konvents und versehen mit der Unterschrift des Ritters, der sie beantragt hat (oder in den Abteien der Ritterschaft).

5. Jedes Diplom des Novizen, der Stiftsdame und des Bruders der

unteren Miliz ist nichtig, wenn es nicht durch den Einsetzungsrat ausgestellt wurde, wenn es nicht in den Registern der beiden konsultierten Häuser verzeichnet ist, eingetragen in jenes des eigenen Hauses, und wenn es nicht durch die Konsistorien der genannten Häuser unterzeichnet und mit der Unterschrift des Empfängers versehen ist.

6. Ausgenommen die Prinzen verliert jeder Verwalter des Ordens sein Amt, wenn er während drei Monaten vom Sitz seiner Verwaltung entfernt ist, ohne hierfür Urlaub durch den Magistrat erhalten zu haben.

7. Der letzte Tag von jedem Mondjahr wird im ganzen Orden als Jahrestag des Martyriums gefeiert.

8. Die Feste des Ordens sind die des Heiligen Johannes des Täufers und des Heiligen Evangelisten Johannes.

Und so wird entschieden
DEO GRATIAS

In den geheimen Archiven des Ordens sei immer die vorliegende Urfassung hinterlegt, versehen mit unseren Unterschriften sowie mit dem großen antiken Siegel des Ordens und gegengezeichnet durch den Minister des Ordens, unseren Sekretär.

Eine Kopie dieser vorliegenden Urfassung ist zu senden durch unseren magistralen Sekretär an jedes Konvent und unter seiner Unterschrift ebenso wie unter dem großen Siegel des Ordens und den Unterschriften des Großkanzlers und des Groß-Seneschalls.

In derselben Weise seien die notwendigen Auszüge der vorliegenden Urfassung an alle anderen Häuser des Ordens gesandt.

Die vorliegende Satzung ist einzutragen in die Register des Magistrats, des präzeptoralen Gerichtshofes, des Groß-Amtsbezirks des Seneschalls, der Großkanzlei und jeder anderen Gerichtsbarkeit, die an der Kenntnis der Satzung interessiert ist.

Ausgefertigt in Paris in unserem magistralen Palast am 17. Mond von Nisan, dem Jahr des Ordens 587, dem ersten des Magistrats, am 11. April des Jahres 1705, gezeichnet: ... F. Philippe; ... F. Jean-Hercule D'Afrique; ... F. Henri D'Asie; ... F. François-Louis-Leopold D'Europe; ... F. Marie-Louis D'Amérique.

Durch ihre höchsten Hoheiten:
Der Minister des Ordens, magistralen Sekretär,
... F. Petrus Urbinus.

Die vorliegende Ausfertigung wurde ausgeliefert in Ausführung des besonderen Auftrages ihrer Hoheit des hervorragenden Monseigneur le Régent, in Magistropolis, am 9. des Mondes von Nisan, im Jahr des Ordens 722, in der Kanzlei der Zunge, im Groß-Priorat von Belgien, für die rechtlich zulässigen Zwecke.

Paris, Magistropolis, im Gebäude des magistralen Sekretariats, am Mittwoch, 26. des Mondes von Nisan des Jahres des Ordens 722 (29. April des Jahres der Geburt unseres Herrn Jesus Christus 1840 der Gregorianischen Zeitrechnung).

Der Minister des Ordens, der Groß-Präzeptor, der ad interim mit dem Amt des großmeisterlichen Sekretariats betraut ist
... F. Jean de Nord-Amérique.

Nr. 102. Gesehen und gesiegelt in der Großkanzlei am 27. Tag des Mondes von Nisan, im Jahr des Ordens 722 (30. April 1840).

Der Minister des Ordens, der Groß-Präzeptor, der ad interim mit dem Betrieb der Großkanzlei betraut ist,
... F. Charles de Nord-Afrique.

Nr. 62. Eingetragen in der Großkanzlei am 28. Tag des Mondes von Nisan, im Jahr des Ordens 722.

Der Minister des Ordens, der magistrale Berater, mit dem Titel des Groß-Seneschalls,
... F. Charles de Soissons.

Nr. ... Übermittelt an den Herrn Bailli Auguste de Flandres, für die Kanzlei der Zunge von Belgien.

Magistropolis, am 2. Tab 722.

Der Minister des Ordens, der Groß-Präzeptor, der ad interim mit dem Amt des großmeisterlichen Sekretariats betraut ist.
... F. Jean de Nord-Amérique.

Nr. 307. Gesehen und gesiegelt in der magistralen Legation in Belgien,
Brüssel, am 25. Elul 722.

Der Groß-Präzeptor, der magistrale Legat in Belgien,
... F. Claude de Sud-Afrique.

Ende der Satzung.

Zusammenfassung der in der Satzung vorgegebenen Hierarchie

Elke Bruns

Generalkonvent (Conventus Generalis)
Gemeinschaft aller Ritter

Magistrat oder souveräner Rat (Magisterium seu Consilium Supremum)

Prinzen des Ordens (Vorsitz: Großmeister)
Prinzen = 1 Großmeister (Supremus Magister) und 4 Generalleutnants (Supremi Vicarii Magistri), auf Lebenszeit gewählt

Präzeptoraler Hof (Curia Praeceptorialis)
1. Oberster Präzeptor (Supremus Praeceptor)
2. Groß-Präzeptoren (Summi Praeceptores)
3. Groß-Seneschall (Magnus Senescallus)
4. Großmagistraler Sekretär (Secretarina Magistralis)

Ständiger Rat (Comitia Consistoriani)
1. Groß-Berater (Magni Comites)
2. Konsistorial-Berater (Comites Consistoriani)
3. Palatin-Berater (Comites Palatini)
4. Berater der Zungen (Comites Gentiles), der eine oder andere General des Ordens (Militiae Praefecti Generales)

Großpriorate (Magnus Prioratus)
Je Nation 1 Großpriorat, auch Zunge (Lingua) genannt. Sitz ist die Hauptstadt des Staates. Großprior (Magnus Prior)

Ballein (Ballivatus)
wird durch ein Bailli (Ballivus) geleitet

Komtureien (Commendariae)

werden regiert durch Komtur (Commendator) – Benefizum wird auf Lebenszeit übertragen

Konvente (Conventus)

Vereinigung der Profeß-Ritter (Equites Professi), geleitet durch einen Prior

Abteien (Abbatia)

können innerhalb der Gerichtsbarkeit von jeder Komturei gebildet werden, geführt durch eine Ritterfrau. Zusammensetzung aus Profeß-Rittern (Equitissae) in unbestimmter Zahl

Kapitel (Postulantium Capitula vel Postulantiae)

Vereinigung von Postulanten innerhalb der Gerichtsbarkeit eines Konventes, eingesetzt durch den Einführungsrat. Die Postulanten werden aus den Großanhängern des Schwarzen Adlers des Heiligen Apostels Johannes ausgewählt.

Einführungshäuser (Caetus Initiationis)

können innerhalb jeder Postulation durch den Einführungsrat eingerichtet werden, bestehen aus der Vereinigung aller Eingeweihten.

Bibliographie des Ordens der Tempelritter

Joe Labonde

Die hier vorgelegte Bibliographie über den historischen Orden der Tempelritter umfaßt 397 Titel. Die Vielzahl von Veröffentlichungen, die sich mit der Gesamtheit mittelalterlicher Ritterorden beschäftigt, findet in dieser Bibliographie keine Berücksichtigung.

Publikationen zur Geschichte der Kreuzzüge, in denen sich fast immer längere Passagen zu den Ritterorden und vornehmlich Kapitel zum Orden der Tempelherren (z.B. seine Auflösung) finden, wurden ebenfalls nicht in diese Bibliographie aufgenommen.

Bei einzelnen Titeln ist eine Beziehung zum Templerorden nicht direkt oder gar nicht erkennbar. Diese Titel wurden inhaltlich auf ihren Bezug zum Templerorden überprüft.

1928 erschien in Paris die erste Bibliographie zum Templerorden von Dessubré. Heinrich Neu veröffentlichte 1965 eine umfangreiche ‚Bibliographie des Templer-Ordens 1927-1965'. Zuletzt erschien 1972 die Bibliographie von Laurent Daillez. Seitdem erschien eine Vielzahl wissenschaftlicher Publikationen. Die hier vorgelegte Bibliographie berücksichtigt erstmals ausführlich Publikationen aus osteuropäischen Ländern.

Obwohl bei einigen Titeln nicht alle Angaben ermittelt werden konnten, reichen die vorhandenen Informationen allemal, die Titel in Bibliotheken ausfindig zu machen.

Die Publikationen zu historischen Ritterorden und hier insbesondere dem historischen Orden der Tempelherren, haben sich in den letzten 30 Jahren von der Ebene der populärwissenschaftlichen Veröffentlichungen hin zu seriöser wissenschaftlicher Beschäftigung mit dem Thema verschoben. Der historische Orden der Tempelherren ist zu einem ernsten Thema der Mediävistik avanciert.

Vorliegende Bibliographie umfaßt sowohl fundierte populärwissenschaftliche Arbeiten als auch wissenschaftliche Detailarbeiten. So kann diese Arbeit sowohl dem interessierten Laien als auch dem historisch Arbeitenden hilfreich sein. Für Mitglieder des modernen Ordens der Tempelherren (OSMTH-Ordo Supremus Militaris Templi Hierosolymitani) mag sie die Grundlage für eine Beschäftigung mit den Wurzeln des Ordens sein.

Achtmann, Peter: Reisewege zu historischen Templerstätten. In: Non nobis. 36, 1999, S. 16-18

Achtmann, Peter/Sawall, Edmund: Templerkirchen rund um den Küchensee, Templer Taufstein Berlin. In: Non nobis. 13, 1990, S. ?

Addison, C.G.: The History of the Knights Templars. London 1842

Addison, C.G./Macoy, R.: The Knights Templars and the complete history on Masonic   Knighthood. 1873 Nachdruck 1998

Aitken, R.: The Knights Templars in Scotland. In: The Scotish Review. 32, 1898, S. 1f

Alarcón, Rafael Herrera: A la sombra de los Templarios. Barcelona 1986 *Ediciones Martinez Roca S.A.*

Alarcón, Rafael Herrera: La otra Espagna del Temple. Barcelona 1988 *Ediciones Martinez Roca S.A.*

Alarcón, Rafael Herrera: La última Virgen Negra des Temple. Barcelona 1991 *Ediciones Martinez Roca S.A.*

Alart, B.: L'Ordre du Temple en Roussillon et sa suppression. 1988 *Philippe Schrauben*

Albon, Marquis de: Cartulaire général de l'ordre du Temple 1119 ? – 1150. Paris 1913

Alders, H.: Der Schatz der Templer. München 1991

Alpen, van: Die Tempelherren in Aachen. In: Franz Ahn: Jahrbuch für den Regierungsbezirk Aachen 1824. S. 128-139

Amadeo, Isabelle/Laget, René: Histoire des templiers en Provence. 1988

Ambelain, Robert: Jésus ou le mortel secrèt des templiers. Paris 1970 *Robert Laffont*

Anonymus: Histoire des Templiers. Nîmes 1805, Nachdruck 1999

Anton: Versuch einer Geschichte des Tempelherrenordens. Leipzig 1781

Arnaudies, Fernand: Les Templiers en Roussillion. 1986 *Bélisane*

Atienza, Juan-G.: El legado templario. Barcelona 1991 *Ediciones Robinbook SL.*

Atienza, Juan-G.: La mistica solar de los Templarios. Barcelona 1983 *Ediciones Martinez Roca S.A.*

Atienza, Juan-G.: La Mystique solaire des templiers. 1991 *Ed. Axis Mundi*

Aubarbier, Jean-Luc/Binet, Michel: Les Sites Templiers de France. Rennes 1995

Ayal Martinez, Carlos de: Ordenes militares hispanicas: reglas y expansion geografica. In: Los monjes soldados: los Templares y otros ordenes militares. Aguilar de Campos 1996, S. 60-86

Baigent, Michael: Das Geheimnis der Templer. München 1995

Baigent, Michael/Leigh, Richard: Der Tempel und die Loge. Bergisch-Gladbach 1990

Barber, Malcolm: The charges against the Templars. In: Nottingham Medieval Studies. 17, 1973, S. 42-57

Barber, Malcolm: The charitable and medical activities of the Hospitallers and Templars. In: Evans, Gillian R.: A History of Pastoral Care. London, New York 2000, S. 148-168

Barber, Malcolm: The New Knighthood: A History of the Order of the Temple. Cambridge 1994

Barber, Malcolm: The Origins of the Order of the Temple. In: Studia Monastica. 12, 1970, S. 219-240

Barber, Malcolm: The Social Context of the Templars. In: Transactions of the Royal Historical Society. V/34, 1989, S. 139-171

Barber, Malcolm: The Trial of the Templars. Cambridge 1978

Barber, Malcolm: The Trial of the Templars Revisited. In: Nicholson, Helen: The Military Orders. Aldershot 1998, S. 329-342

Barber, R.: The Knight and Chivalry. Woodbridge 1995 *The Boydell Press*

Barret/Gurgand: Ils voyageaient la France. Paris 1980 *Hachette*

Bassing, Theodor: Geschichte der Kommende, Komturei oder Kommanderie der kirchlich-militärischen Ritterorden der Tempelherren und der Johanniter zu Roth bei Vianden. In: Ons Hemecht. 20, 1914, S. 86-90, 153-159, 319-333, 414-426, 449-458

Bastard, A. de: La colère et la douleur d'un templier en Terre Sainte. In: Revue des langues romanes. 81, 1974, S. 332-373

Bauer, Martin: Die Tempelritter. Mythos und Wahrheit. München 1998

Bauer, Wolfgang: Die Tempelritter. München 2001

Beaman, Sylvia P.: The Royston Cave: Local Historical Influences of the Templar and Hospitaller Movements. Baldock 1992

Beck, Andreas: Der Untergang der Templer. Größter Justizmord des Mittelalters? Freiburg, Basel, Wien 1992

Begotti, Pier Carlo: Templari e giovanniti in Friuli. La Mason di San Quirino. Fiume-Veneto 1991

Bellomo, Elena: La prima attestazione documentaria dei Templari a Brescia. In: Brixia Sacra. 5, 2000, S. 97-100

Benassai, Alessandro: Das Geheimnis der Templer. Florenz 1987 *Eigenverlag*

Benassai, Alessandro: Der Tempel der Mysterien. o.O. 1990 *Eigenverlag*

Bennett, Matthew: La Règle du Temple as Military Manual of How to Deliver a Cavalry Charge. In: Christopher Harper-Bill/Christopher J. Holdsworth/Janet L. Nelson: Studies in Medieval History presented to R. Allen Brown. Woodbridge 1989, S. 7-19

Bernage, Georges: Sur les pas des Templiers en Bretagne, Normandie, Pays de Loire. Bayeux 1980 *Editions Copernic*

Bethencourt, Emiliano/Rojas, Félix: El legado del Temple. Etiqueta Oculta. Madrid 1991 *Ediciones Júcar*

Borchardt, Karl: The Templars in Central Europe. In: Zsolt Hunyadi/ József Laszlovszky: The Crusaders and the Military Orders expanding the Frontiers of medieval latin Christianity. Budapest 2001, S. 233-244

Bordonove, Georges: La vie quotidienne des Templiers au XIIIe siècle. Paris 1990

Bordonove, Georges: Les Templiers, les chevaliers du Christ. Paris 1977 *Fayard*

Bouffet, Hippolyte: Les Templiers et les Hospitaliers de Saint-Jean en Haute-Auvergne. Marseille 1976 *Laffite Reprints*

Boutaric: Clément V, Philippe le Bel et les Templiers. In: Revue des questions historiques. Bd. X, Nr. 71, S. 327-329

Bouteiller, E. de: Notice sur la Commanderie Saint-Jean de Jèrusalem. In: Mémoires de l'Académie impériale de Metz. 47, 1865-1866, S. 265-294

Bradford, Ernle: Johanniter und Malteser. Die Geschichte des Ritterordens. München 1991

Bradford, Ernle: Kreuz und Schwert. Der Johanniter-/Malteser-Ritterorden. Berlin 1988 *Ullstein*

Bramato, Fulvio: Storia dell' ordine dei Templari in Italia. Bd. 1. Rom 1991

Branig: Geschichte der Tempelhofer Kirche und Gemeinde. In: Mitteilungen des Vereins für die Geschichte Berlins. 1918, S. 35

Brecht: Das Dorf Tempelhof. In: Schriften des Vereins für Geschichte Berlins. 15, 1878, S. 1f

Breitsprecher, Albert: Die Komturei Rörchen-Wildenbruch. Stettin 1940

Brier, Josef: Die Ritter-Kommende Kleinoels, Kr. Ohlau im Mittelalter. Ein Beitrag zur Bistums- und Landesgeschichte. Kathol.-theol. Dissertation vom 12. Juli 1925. Breslau

Bulst-Thiele, Marie-Luise: Sacrae Domus Militiae Templi Hierosolymitani Magistri. Untersuchungen zur Geschichte des Templerordens 1118/19 – 1314. (=Abhandlungen der Akademie der Wissenschaften in Göttingen. Philologisch-historische Klasse, dritte Folge Nr. 86). Göttingen 1974

Bulst-Thiele, Marie-Luise: Templer in königlichen und päpstlichen Diensten. In: Peter Classen/P. Scheibert: Festschrift Percy Ernst

Schramm zu seinem siebzigsten Geburtstag, I. Wiesbaden 1964, S. 289-308

Bulst-Thiele, Marie Luise: Der Prozeß gegen den Templerorden. In: Fleckenstein, J./Hellmann, M. (Hrsg.): Die Geistlichen Ritterorden Europas. Sigmaringen 1980, S. 375-402

Burgtorf, Jochen: Führungsstrukturen und Funktionsträger in der Zentrale der Templer und Johanniter von den Anfängen bis zum frühen 14. Jahrhundert. Ph.D Dissertation, Heinrich-Heine-Universität Düsseldorf

Burgtorf, Jochen: Leadership Structures in the Orders of the Hospital and the Temple (Twelfth to early Fourtheenth Century). In: Zsolt Hunyadi/József Laszlovszky: The Crusaders and the Military Orders expanding the Frontiers of medieval latin Christianity. Budapest 2001, S. 379-394

Burman, E.: The Templars: Knights of God. London 1986

Campbell, G.A.: Die Tempelritter – Aufstieg und Vcrfall. Stuttgart 1938

Cardini, F.: I poveri cavalieri del Christo. Bernardo di Clairvaux e la fondazione dell'ordine templare. Rimini 1994

Carny, Lucien: Les sceau de l'ordre du Temple. In: Atlantis. Nr. 268

Carrière, Victor: Histoire et cartulaire des templiers de Provins. Paris 1978 *Lafitte-Reprints*

Cerrini, Simonetta: A new edition of the Latin and French rule of the Temple. In: Nicholson, Helen: The Military Orders. Bd. 2, Welfare and Warfare. Aldershot 1998, S. 207-215

Cerrini, Simonetta: I Templari, la guerra e la santità. Rimini 2000

Cerrini, Simonetta: Il faut une nouvelle règle pour concilier prière et combat, and other entries on the Templars. In: Historia Spécial. 1998, S. 16-25, 100-101

Cerrini, Simonetta: La tradition manuscrite de la Règle du Temple. Etudes pour une nouvelle édition des versions latine et francaise. In: Balard, Michel: Autour de la première croisade. Actes du Colloque de la Society for the Study of the Crusades and the Latin East, Clermont-Ferrand, 22-25 juin 1995. (=Byzantina Sorbonensia . 14, 1996) S. 23-210

Cerrini, Simonetta: Le Sorores Templi. In: Dizionario degli instituti di perfezione. 9, 1997, S. 898-903

Carbonneau-Lassay, Louis: Le Coeur rayonnant du donjon de Chinon attribué aux templiers. 1975 *Arche*

Chagny-Sève, A.M.: Le procès des Templiers d'Auvergne 1309-1311. Paris 1986

Charpentier, John: A templomos lovagok titkai. Budapest 1992

Charpentier, John: Die Templer. Stuttgart 1965

Charpentier, John: Les Mystères Templiers. Paris 1967 *Robert Laffont*

Charpentier, John: L'Ordre des Templiers. Paris 1961 *Tallandier*

Charpentier, John: Macht und Geheimnis der Templer. München 1986

Charpentier, Louis: Macht und Geheimnis der Templer. Bundeslade – Abendländische   Zivilisation – Kathedralen. Olten 1978
Walter

Chaumeil, Jean-Luc: Du Premier au dernier templier. 1985 *Veyrier*

Chaumeil, Jean-Luc: Le trésor des templiers.1984 *Veyrier*

Claverie, Pierre-Vincent: L'ordre du Temple au coeur d'une crise
politique majeure: la Querela Cypri des années 1279-1285. In: Le
Moyen Age. 104, 1998, S. 495-511

Claverie, Pierre-Vincent: La cristandiat en mayor peril ou la percep-
tion de la question d'Orient dans la Catalogne de la fin dut XIIIe
siècle. In: Vinas, Robert: Les Templiers en Pays catalan. Pergignan
1998, S. 81-130 *Editions Llibred del Trabuciare*

Costa, Ricardo Luiz Silveria da: D. Dinis e a supressao da ordem
do Temple (1312): o processo de formacao da identitade nacional
em Portugal. In: Cultura e Imaginario no Ocidente Medieval. Rio
de Janeiro 1996, S. 90-95

Crouvelle, M.G.: Memoires historiques sur les Templiers ou Eclai-
rissement Nouveaux sur leur Histoire. Paris 1805

Crouzat, Germain: Sainte-Eulalie, capitale templière du Larzac. 1976
Foyer rural de Sainte-Eulalie

Curzon, H. de (Hrsg.): La Règle du Temple. Paris 1886

Curzon, H. de: La maison du Temple de Paris. Histoire et déscrip-
tion. Paris 1888 *Hachette*

Dailliez, Laurent: Bibliographie du Temple. Paris 1972

Dailliez, Laurent: Histoire de l'Ordre du Temple: Les Templiers, gouvernement et institutions. Nizza 1980

Dailliez, Laurent: La France des templiers. Verviers 1974

Dailliez, Laurent: Le plus ancien texte de la Règle du Temple. In: Bulletin de la Société d'Emulation de Bruges. III, 1974, S. 175-200

Dailliez, Laurent: Les Templiers, ces inconnus. Paris 1972 *Perrin*

Dailliez, Laurent: Les Templiers en Flandre, Hainaut, Brabant, Liège et Luxembourg. Nizza 1978 *Impres Sud*

Dailliez, Laurent: Règles et statuts de l'Ordre du Temple. *Dervy*

Delaruelle, E.: Templiers et Hospitaliers en Languedoc pendant la croisade des Albigeois. In: Paix de Dieu et guerre sainte en Languedoc au XIIIe siècle (Cahiers de Fanjeaux 4). Toulouse 1969, S. 315-334

Delisle, Léopold: Mémoire sur les opérations financières des Templiers. Paris 1889 Nachdruck Genf 1975

Demurger, Alain: Die Templer. Aufstieg und Untergang 1120-1314. München 1991

Demurger, Alain: Encore le procès des templiers! In: Le Moyen Age. 97, 1991, S. 25-39

Demurger, Alain: Les Templiers à Auxerre. In: Boucheron, Patrick/Chiffoleau, Jean-Louis: Religion et société urbaine au Moyen Age. Paris 2000, S. 301-312 *Publication de la Sorbonne*

Demurger, Alain: Pour trois mille livres de dette: Geoffroy de Sergines et le Temple. In: La présence latine en Orient au Moyen Age. Paris 2000, S. 67-76 *Centre historique des Archives Nationales/Champion*

Demurger, Alain: Vie et mort de l'ordre du Temple 1120-1314. Paris 1989

Desgris, Alain: L'ordre des templiers: les sécrets dévoilés. Paris 1995 *Guy Trédaniel*

Dessubré, M.: Bibliogrgraphie de l'ordre des Templiers. Paris 1928

De Valous, Guy: Quelques observations sur la toute primitive observance des Templiers et la Regula pauperum commilitonum Christi Templi Salomonis. In: Mélanges Saint-Bernard. XXIVe Congrès de l'Association Bourgignonne des Sociétés Savantes, Dijon 1953. Dijon 1953, S. 32-40 *Malirier*

Dinzelbacher, Peter: Die Templer – Ein geheimnisumwitteter Orden. Freiburg im Breisgau 2002

Dobronic, Lejla: Posjedi i Sjedista Templara, Ivanovaca i Sepulkralaca Hrvatskoj. [Estates and Residences of Templars, Hospitallers and Canons Regular of the Holy Sepulchre of Jerusalem and Croatia.] Zagreb 1984

Dobronic, Lejla: Viteski redovi: Templari i Ivanovci u Hrvatskoj. [Knightly Orders: Templars and Hospitallers in Croatia.] Zagreb 1984

Dobronic, Lejla: Viteski redovi: Templari i Ivanovci u Hrvatskoj. [Military Orders: Templars and Hospitallers in Croatia.] In: Analecta Croatia Christiana. 18, 1984

Dondi, Christina: Manoscritti liturgici die templari e degli ospitalieri. In: I Templari, la guerra e la santità. Rimini 2000, S. 49-68

Dreue, Johan: Armorial des Grands Maîtres du Temple. *Archimed Diffusion*

Dumontier, Michel u.a.: Sur le pas des templiers en Bretagne, Normandie, Pays de Loire. 1980 *Copernic*

Dumontier, Michel: Sur les pas des templiers en Ile-de-France. 1979 *Copernic*

Dupuy: Histoire de la condemnation des Templiers. Paris 1654 zuletzt gedruckt Brüssel 1751

Durbec, J.-A.: Les Templiers en Provence. Formation des commanderies et répartition géographique de leurs biens. In: Provence historique. 8, 1959, S. 3-37, 97-132

Duydale, Sir William: Le Procés contre les chevaliers du Temple dans le royaume d'Angleterre.

Edbury, Peter W.: The Military Orders in Cyprus in the Light of Recent Scholarship. In: Zsolt Hunyadi/József Laszlovszky: The Crusaders and the Military Orders expanding the Frontiers of medieval latin Christianity. Budapest 2001, S. 101-107

Edbury, Peter W.: The Templars in Cypres. In: Barber, Malcolm: The Military Orders: Fighting for the Faith and Caring for the Sick. Aldershot 1994, S. 189-195

Eistert, Karl: Der Ritterorden der Tempelherren in Schlesien. Archiv für schlesische Kirchengeschichte. 14, 1956, S. 1-23

Eistert, Karl: Ergänzungen und Berichtigungen zu dem Aufsatz über die Templer im Archiv für schlesische Kirchengeschichte Bd. 14. In: Archiv für schlesische Kirchengeschichte. 15, 1957, S. 267-269

Elm, Kaspar: A templomosok pere. [The Trial of the Templars.] In: Demandt, Alexander: A történelem nagy perei-törvény és hatalom. Budapest 1993, S. 97-128

Elm, Kaspar: Der Templerprozess. In: Demandt, Alexander: Macht und Recht. Große Prozesse in der Geschichte. München 1991, S. 81-101, S. 297-299

Elm, Kaspar: Die ORDINES MILITARES ein Ordenszötus zwischen Einheit und Vielfalt. In: Zsolt Hunyadi/József Laszlovszky: The Crusaders and the Military Orders expanding the Frontiers of medieval latin Christianity. Budapest 2001, S. 351-377

Falkenstein, Karl: Geschichte des Tempelherren-Ordens. Dresden 1833

Ferreira: Memorias et noticias historicas de celebre Orden militar dos Templarios. Lissabon 1735

Ferris, E.: The Financial Relations of the Knights Templars to the English Crown. In: The American Historical Review. 8, 1903, S. 1f

Fiebag, Johannes/Fiebag, Peter: Die Entdeckung des Grals. Auf den Spuren der Manna- Maschine, der Bundeslade und des Tempelordens. München 1992 *Goldmann*

Finke, Heinrich: Papsttum und Untergang des Templerordens. 2 Bde. Münster 1907

Fleckenstein, Josef (Hrsg.): Die geistlichen Ritterorden Europas. Sigmaringen 1980

Fleg, Alain/Lafille, Bruno: Les Templiers et leurs mystères. 1981 *Crémille*

Flori, Jean: Les chevaliers, une caste de champios. In: Notre Histoire. 108, 1994, S. 26-39

Forey, Alan J.: The Beginnings of the Proceedings against the Aragonese Templars. In: Lomax, D./Mackenzie, D.: God and Man in Medieval Spain. Warminster 1989, S. 81-96

Forey, Alan J.: The Military Orders. Toronto 1993

Forey, Alan J.: The Templars in the Corona de Aragón. London 1973 *University of Durham Publications*

Forey, Alan J.: Towards a Profile of the Templars in the Early Fourteenth Century. In: Barber, Malcolm: The Military Orders: Fighting for the Faith and Caring for the Sick. Aldershot 1994, S. 196-204

Franchet, Jeanne: Voyage des Templiers. In: Revue Atlantis. 344, 1986

Fried, J.: Wille, Freiwilligkeit und Geständnis um 1300. Zur Beurteilung des letzten Templergroßmeisters Jacques de Moley. In: Historisches Jahrbuch. 105, 1985, S. 388-425

Fritz, Michel: Der Templerorden am Mittelrhein und die Templer von Waldeck. In: Rheinische Heimatblätter. 1, 1924, S. 56-58

Frycz, Jerzy: Architektura zamkóv krzyzackich. [Architecture of Crusader castels.] In: Sztuka pobrzezy Baltyku. Materialy z sesji Stowarzyszenia Historyków Sztuki. Warschau 1978, S. 19-48

Garcia-Guijarro Ramos, Luis: Exemption in the Temple, the Hospital and the Teutonic Order: Shortcoming of the Institutional approach. In: Nicholson, Helen: The Military Orders, Bd. 2, Welfare and Warfare. Aldershot 1998, S. 289-293

Gebhardi, Julius Justus: Der mit dem Mathaeus-Stifft verbundene große Caland zum Heil. Geist, Oder historische Nachrichten von dem Stiffte S. Matthaei in Braunschweig unter dem Templer Orden und bey den Johanniter-Rittern und jetzigen Beschaffenheit. Braunschweig 1739

Gehle, Heinz H.: Die Templer – ein Lichtblick im Mittelalter. In: Non nobis. 38, 2000, S. 4-13

Gélibert, Maud de: La Commanderie templière de Campagne-sur-Aude. In: Bulletin de la société d'études scientifiques de l'Aude. 73, 1973

Gélibert, Maud de: Udaut le templier. 1972 *Ed. du Champ-de-Mars*

Gilmour-Bryson, Anne: Coding of the Testimony of Prisoners in the Trial of the Templars in the Papal States 1309-1310. Hrsg. v. Serge Lusignan und John North. Austin 1977

Gilmour-Bryson, Anne: Testimony of Non-Templar Witnesses in Cyprus. In: Barber, Malcolm: The Military Orders: Fighting for the Faith and Caring for the Sick. Aldershott 1994, S. 205-211

Gilmour-Bryson, Anne: The Templar trials: Did the System work? In: Medieval History Journal. 3:1, 2000, S. 41-65

Gilmour-Bryson, Anne: The Trial of the Templers in the Papal State and the Abruzzi. Rom 1982

Girard-Augry, Pierre: Aux origines de l'ordre du Temple. Nantes 1992 *Editions Opéra*

Gmelin: Die Regel des Templerordens. Mitteilungen des Instituts für österreichische Geschichtsforschung. 14, 1893, S.193-236

Gmelin: Schuld oder Unschuld des Templerordens. Stuttgart 1893

Gobry, Ivan: Le Procès des Templiers. Paris 1995

Golinski, Mateusz: Uposazenie i organizacja zakonu templariuszy w Polsce do 1241 roku. [Economy and Organization of the Order of the Templars in Poland up to 1241.] In: Kwartalnik Historyczny. 98, 1991, 3-20

Graf, Joseph Wilhelm: Geschichte der Tempelherren in Böhmen und ihres Ordens überhaupt. Prag 1825

Grauert: Eine Tempelherren-Urkunde von 1167. In: Archivalische Zeitschrift III. Stuttgart 1878, S. 294-309

Grouvelle, Philippe: Mémoires historiques sur les Templiers. Paris 1994 *Jean de Bonnot*

Guéry, Charles: Les commanderies dans le département de l'Eure. Evreux 1903

Guggenberger, Alfred: Die Templer im Wandel der Zeit. Augsburg 1977

Guillotin de Corson, A.: Les Templiers et les hospitaliers de Saint-Jean-de-Jérusalem en Bretagne dis Chevaliers de Malte et Bretagne. Marseille 1976 *Lafitte-Reprints*

Guinguand, Maurice: L'or des templiers. Paris 1973 *Robert Laffont*

Guinguand, Maurice: Notre-Dame-de-Paris ou la magie des templiers. Paris 1972 *Robert Laffont*

Hamilton, J.: Apocalypse Not – Edward II and the Supression of the Templars. In: Medieval Perspectives. 12, 1997, S. 90-100

Hammerstein, Freiherr von: Der Besitz der Tempelherren in Lothringen. In: Annuaire de la Société d'Histoire et d'Archéologie Lorraine. 7, 1895, S. 1-29

Hauf, Monika: Der Mythos der Templer. Solothurn, Düsseldorf 1993

Hauf, Monika: Die Geheimen Botschaften, Manuskripte und Schätze der Templer aus Rennes-le-Château. Lübeck 2000 *Joh. Bohmeier* Verlag

Hauf, Monika: Die Templer und die große Göttin. Düsseldorf 2000

Havemann, Wilhelm: Geschichte des Ausgangs des Tempelherren-ordens. Stuttgart, Tübingen 1846

Haye, Anthony Oneal: The Persecution of the Knights Templars. Edinburgh 1865

Heckel, Fr.: Der Orden der Tempelherren uns seine pfälzischen Niederlassungen. In: Pfälzer Land. 10, 1951

Heine, Karl: Erzbischof Burchards III. Gewalttätigkeiten gegen die Tempelritter des Erzbistums Magdeburg. In: Heimatkalender für Halle und den Saalekreis 1911. S. 41-49

Hennes, Johann Heinrich: Die Tempelherren in Mainz. In: Zeitschrift des Vereins zur Erforschung der Rhein. Geschichte und Alterthümer in Mainz. 1, 1845, S. 98-104

Hesekiel, Ludovica: Templer und Johanniter. Hamburg o.J.

Heutger, Nicolaus: Die geistlichen Ritterorden in Niedersachsen. Zum 40. Jahrestag der Reaktivierung des Templerordens in Niedersachsen. (=Forschungen zur niedersächsischen Ordensgeschichte 1). Hannover 1997

Hiestand, Rudolf: Kardinalbischof Matthäus von Albano, das Konzil von Troyes und die Entstehung des Templerordens. In: Zeitschrift für Kirchengeschichte. 99, 1988, S. 295-325

Hiestand, Rudolf (Hrsg.): Papsturkunden für Templer und Johanniter I. (=Abhandlungen der Akademie der Wissenschaften in Göttingen. Philologisch – historische Klasse. Dritte Folge Nr. 95). Göttingen 1972

Hiestand, Rudolf (Hrsg.): Papsturkunden für Templer und Johanniter II. Göttingen 1984 *Van den Hoeck & Ruprecht*

Hiestand, Rudolf: Templer- und Johanniterbistümer und –bischöfe im Heiligen Land. In: Ritterorden und Kirche im Mittelalter, (Ordines Militares. Colloquia Torunensia IX). Torun 1997, S. 143-161

Hiestand, Rudolf: Zum Problem des Templerzentralarchivs. In: Archivalische Zeitschrift. 76, 1980, S. 17-37

Hirschmann: Die Tempelherren in Deutschland. In: Historisch-politische Blätter für das katholische Deutschland. 159, 1917, S 131-135

Hitzler: Alte Templerkirche in Tempelhof. In: Mark Illustrierte Zeitschrift für Touristik der Mark Brandenburg. 12, 1916, S. 206

Hormayr: Bruchstücke zur Geschichte des Tempelordens, zumal in Österreich. In: Archiv für Geographie, Historie, Staats- und Kriegskunst. 13, 1822, S. 753ff, 777ff, 787ff

Howarth, Stephen: A templomosok titka. [The Secret of the Templars.] Budapest 1986

Howarth, Stephen: The Knights Templar. London 1982

Hughan, W.J.: Origin of Masonic Knight Templars in the United Kingdom. In: Ars quatuor coronatorum. 18, 1905, S. 91f

Ilieva, Annetta: The Suppression of the Templars in Cyprus According to the Chronicle of Leontios Makhairas. In: Barber, Malcolm: The Milityry Orders: Fighting for the Faith and Caring for the Sick. Aldershot 1994, S. 212-219

Imperio, Loredana: Metodologia di ricerca attraverso la toponomastica templare, in appendice Piccolo Glossario Templare (=Papiri, collana de storia antica e moderna 1). Latina 1992

Imperio, Loredana: Il tramonto dei Templari. Il processo die Cipro:

uomini e vicende dell' Ordine nei suoi ultimi anni di vita (=Papiri, collana de storia antica e moderna 3). Latina 1992

Jan, Libor/Jesensky, Vit: Hospitallers and Templar Commanderies in Bohemia and Moravia. In: Nicholson, Helen: The Military Orders: Welfare and Warfare. Aldershot 1998, S. 235-249

Jan, Libor: S templarskym krizem. [With a Templars' cross.] In: Cejkovice 1248-1998. Cejkovice 1998, S. 33-60

Jaspert, Nikolas: Bonds and Tensions of the Frontier: The Templars in Twelfth-Century Western Catalonia. In: Sarnowsky, Jürgen: Mendicants, Military Orders and Regionalism in Medieval Europe. Aldershot 1999, S. 19-45

Kedar, Benjamin Z.: Convergences of Oriental Christian, Muslim and Frankisch Worshippers: The Case of Saydnaya and the Knights Templar. In: Zsolt Hunyadi/József Laszlovszky: The Crusaders and the Military Orders expanding the Frontiers of medieval latin Christianity. Budapest 2001, S. 89-100

Kiess, Georges: Les Templiers en Haut-Razès. 1990

Knapp, Wolfgang: Auf den Spuren eines weiteren Templerhauses am Niederrhein !?!
(= Heft 13 der Aufsatzreihe des Templerarchivs). Düsseldorf 1995
Eigendruck

Knight, Christopher/Lomas, Robert: Der zweite Messias. Das Grabtuch von Turin, die Templer und das Geheimnis der Freimaurer. Bern, München, Wien 1999

Knöpfler: Die Ordensregel der Tempelherren. In: Historisches Jahrbuch. 1887, S. 666-695

Köhler, Jochen: Aufstieg und Fall der Templer – Das geheimnisum-
witterte Schicksal eines Kreuzritterordens. In: Damals. 9, 1987
Körner, Karl: Die Templerregel. Jena 1902

Körner, Karl: Die Varianten der Barceloner Handschrift der Templerregel. Wissenschaftliche Beilage zum Jahresbericht des Realgym-
nasiums zu Neunkirchen. Trier 1904

Körner, Karl: Ist die lateinische oder die altfranzösische Fassung der
Templerregel als die ursprüngliche anzusehen? In: Städtische Real-
schule Gotha, Osterprogramm 1901. S. 1-18

Kolanovic, Josip: Vrana i Templari. [Vrana and the Templars.] In:
Radovi Instituta J.A. u Zadru. 18, 1971, S. 207-226

Kolbe, E.: Alte Ordenskirche in Tempelhof. In: Monatsblätter des
Touristenklub für die Mark Brandenburg. 1917, S. 50

Kosi, Miha: Templarji na Slovenskem. [Knights Templar in Slovenia.]
In: Zgodovinski casopis. 48, 1994, S. 149-186

Kosi, Miha: Templarji na Slovenskem. [Knights Templar in Slovenia.]
Ljubljana 1995

Kosi, Miha: The Age of the Crusaders in the South-East of the Em-
pire (Between the Alps and the Adriatic. In: Zsolt Hunyadi/József
Laszlovszky: The Crusaders and the Military Orders expanding the
Frontiers of medieval latin Christianity. Budapest 2001, S. 123-165

Kramberg, Heinz G.: Der Auftrag des geistlichen Ritterordens der
Tempelherren. In: Non nobis. 11,1995

Kramberg, Heinz G.: Die Bedeutung der Komturei Tempelhof (Berlin im 12. und 13. Jahrhundert. In: Non nobis. 4/6, 1986, S. 84-89

Kramberg, Heinz G.: Templerkirchen in Marienfeld, Tempelhof und Mariendorf. In: Non nobis. 7, 1987, S. 65-68

Kreuter, j.L.: Die Templer in Gelnhausen. In: Gelnhusana. Aus der Geschichte der Stadt Gelnhausen. Beilage zum Kreis-Blatt Amtl. Anzeiger f. d. Stadt und den Kreis Gelnhausen. 13, 1906, S. 55f

Krück von Poturzyn, Maria J.: Der Prozeß gegen die Templer. Ein Bericht über die Vernichtung des Ordens. Ogham. Stuttgart 1982

Kukuljevic, Ivan: Priorat vranski sa vitezi templari hospitalci sv. Ivana u Hrvatskoj. [The Priory of Vrana of the Templars and the Hospitallers in Croatia.] In: Rad Jugoslavenske Akademije Znanosti i Umjetnosti. 81-82, 1886, S. 1-80

Ladurner, P. Justinian: Gab es je Tempelritter und Ansitze derselben in Tirol? In: Archiv für Geschichte und Alterthumskunde in Tirol. 3, 1866

Lambert, Elie: L'architecture des Templiers. Paris 1955 *Picard*

Lameyre, Alain: Guide de la France templière. 1975 *Tchou*

Lamy, Michel: Les Templiers ces grands seigneurs aux blancs manteaux. Bordeaux 1997

Lascaux, Michel: Les templiers en Bretagne. 1979 *Ouest-France*

Lascaux, Michel: Les templiers en Normandie. Rennes 1983

Lavocat, M.: Procès des frères et de l'ordre du Temple. Paris 1979 *Lafitte-Reprints*

Lea, Henry-Ch.: L'Innocence des templiers.

Le Bosse, Michel-Vital: Sur la route des templiers en Normandie: la Bove des chevaliers. 1986 *Ed. Charles Corlet*

Le Cam, Anne: Les Templiers: la puissance, la gloire et la mort. In: Notre Histoire. 123, 1995, S. 26-41

Leclercq, J.: Un document sur les débuts des Templiers. In: Revue d'histoire ecclésiatique. 52, 1957, S. 81-91

Ledebur, Leopold von: Die Tempelherren und ihre Besitzungen im Preußischen Staate.
Ein Beitrag zur Geschichte und Statistik des Ordens. In: Allgemeines Archiv für die Geschichtskunde des Preußischen Staates. 16, 1835, S. 97-120

Ledesma Rubio, Laura Maria: Templarios y Hospitalarios en el Reino de Aragon. Zaragoxa 1982

Lees, Beatrice Adelaide: Records of the Templars in England in the Twelfth Century. London 1935

Le Forestier, René: La Franc-Maconnerie templière et occultiste. 1970 *Aubier-Montaigne*

Le Forestier, René: Die templerische und okkultistische Freimaurerei im 18. und 19. Jahrhundert. Bd. 1. Leimen 1987

Legman, G.: La Culpabilité des templiers. *Artéfact*

Legras, Anne-Marie: Les commanderies des Templiers et des Hospitalliers de Saint-Jean de Jerusalem en Saintonge et en Aunis. Paris 1983 *CNRS*

Lejeune: Histoire critique et apologétique de l'ordre des Templiers. 2 Bde., Paris 1789

Léonard, Emile: Introduction au Cartulaire manuscrit du Temple (1150-1317). Paris 1930

Lerché, A.: Hindenburg, ... Nachrichten über den geistlichen Ritterorden der Templer in Oberschlesien. In: Der Oberschlesier, Halbmonatsschrift für das gesamte heimische Kulturleben. 12, 1930, S. 12-17

Leroy, J.-J.-E.: Histoire des Templiers. *Pardes*

Letzner, Johannes: Kurtze und bishero nicht in Druck gegebene Beschreibung des ...Stiftes Königslutter ... Samt Henr. Meibomii Bericht von der Comthurey zu Süpplingenburg. Wolfenbüttel 1715

Lincoln, Henry/Baigent, Michael/Leigh, Richard: Der Heilige Gral und seine Erben. Bergisch-Gladbach 1990

Liopke, Helmut: Die Wüstungen Grossdorf und Giemeln im Lande Sternberg. In: Mitteilungen des Verein für Geschichte der Neumark. 9, 1932, S. 53-71

Lizerand: Le dossier de l'affaire des templiers. Paris 1923 Nachdruck 1989 *Les Belles Lettres*

Loiseleur, Jules: La Doctrine secrète des templiers. 1973 *Tiquetonne*

Loisne, A. de: Cartulaire de la commanderie des Templiers de Sommereux. Paris, Beauvais 1924

Loos, Volker: A templomos lovagrend története. [History of the Templars.] Pécs 2000

Loos, Volker: Die armen Ritter Christi vom Tempel Salomonis zu Jerusalem. Frieling 1997

Lotze: Templerorden in Hessen. In: Mitteilungen an die Mitglieder des Vereins für hessische Geschichte und Landeskunde. 1932/33, S. 18

Lourie, Elena: The Confraternity of Belchite, the Ribat and the Temple. In: Viator. 13, 1982, S. 159-176

Lüpke, Helmut: Beiträge zur Geschichte des Templerordens in der Neumark. In: Die Neumark. 9, 1934, S. 39-94

Lüpke, Helmut: Das Land Tempelburg. Eine historisch-geographische Untersuchung. In: Baltische Studien. NF 35, 1933, S. 43-97

Lüpke, Helmut: Die pommersche 'Terra Krayna' und die Templer. In: Monatsblätter, hrsg. v. d. Gesellschaft f. Pommersche Geschichte und Altertumskunde. 46, 1932, S. 141-146

Lüpke, Helmut: Die Templer-Kommende Tempelhof. Ein Beitrag zur Geschichte des Templerordens in Deutschland. In: Teltower Kreiskalender 1933. S. 3-16

Lüpke, Helmut: Untersuchungen über den sagenhaft überlieferten oder fälschlich vermuteten Besitz der Tempelherren in Ostdeutschland. In: Jahrbuch für Brandenburgische Kirchengeschichte. 31, 1936, S. 29-97

Lüpke, Helmut: Untersuchungen zur Geschichte des Templerordens im Gebiet der nordostdeutschen Kolonisation. Phil. Diss. Berlin, Bernburg 1933

Lüpke, Helmut: Urkunden und Regesten zur Geschichte des Templerordens im Bereich des Bistums Cammin und der Kirchenprovinz Gnesen. (=Veröffentlichungen der Historischen Kommission für Pommern. Reihe 4. Quellen zur Pommerschen Geschichte Bd. 10. Köln, Wien 1987

Lundgreen, Friedrich: Wilhelm von Tyrus und der Templerorden. Berlin 1911

Lundgreen, Friedrich: Zur Geschichte des Templerordens. In: Mitteilungen des Instituts für österreichische Geschichtsforschung. 35, 1914, S. 670-687

Mahieu, Jacques de: Die Templer in Amerika oder das Silber der Kathedralen. Tübingen 1979

Mahieu, Jacques de: Les Templiers en Amérique. Paris 1981 *Robert Laffont*

Mailly, A.: Der Templerorden in Niederösterreich in Geschichte und Sage. Wien 1928

Marcillac, Alain: Le Baphomet, idéal templier. 1988 *Louis Courteau*

Markale, Jean: Gisors et l'énigme templiers. 1986 *Ed. Pygmalion*

Martin, A.J.: Le premier grand maître des templiers était-il Vivarois? In: Revue du Vivarais. 1982

Martin, Edward James: The Templars in Yorkshire. In: The Yorkshire Archaeological Journal. 24, 1929, S. 366f

Martin, Edward James: Trial of the Templars. New York 1978 *AMS Press*

Mas-Latrie, Louis de: Lettre à M. Beugnot sur les sceaux de l'ordre du temple. In:
Bibliothèque de l'Ecole de Chartres. 9, 1847/48, S. 385-404

Maurin, Jacques: La Double Mort des templiers. Paris 1982 *Robert Laffont*

Mazerand, Michel: Les Templiers en Lorraine. Nancy 1993

Mazières, M.-R.: La venue et le séjour des templiers du Rousillon à la fin du XIIme siècle et au début du XIVme dans la vallée du Bezu (Aude). In: Mémoires de la société des arts et des sciences de Carcassonne. 4. Serie. Bd. III (1957-1959), S. 229f

Mazières, M.-R.: Les Templiers du Bézu. *Philippe Schrauben*

Melville, Marion: La vida secreta de los templarios. Girona 1995 *Tikal Ediciones*

Melville, M: La vie des templiers. Paris 1974 *Gallimard*

Menache, S.: Rewriting the History of the Templars According to Mathew Paris. In: Goodich, M. u.a.: Cross Cultural Convergences in the Crusader Period. New York 1995, S. 183-214

Métais, L'Abbé Charles (Hrsg.): Les Templiers en Eure-et-Loire. Histoire et Cartulaire. Chartres 1902

Metcalf, Michael D.: Monetary questions arising out of the Role of the Templars as Guardians of the Northern Marches of the Principality of Antioch. In: Zsolt Hunyadi/József Laszlovszky: The Crusaders and the Military Orders expanding the Frontiers of medieval latin Christianity. Budapest 2001, S. 77-87

Metcalf, Michael D.: The Templars as Bankers and Monetary Transfers between West and East in the Twelfth Century. In: Edbury, Peter W./Metcalf, Michael D.: Coinage in the Latin East. The Fourth Oxford Symposium on Coinage and Monetary History. Oxford 1980, S. 1-17

Michel, F.: Der Templerorden am Mittelrhein und die Templer von Waldeck. In: Rheinische Heimatblätter. 1, 1924 S. 56f

Michelet, Jules: Le Procès des Templiers. 2 Bde. Paris 1841-1851 Nachdruck Paris 1987

Miguet, Michel: Templiers et Hospitalliers en Normandie. (Mémoires de la section de l'archéologie et d'histoire d'art). Paris 1995 Comité des Travaux Historiques et Scientifiques

Millauer, Maximilian: Böhmens Denkmale der Tempelherrn. Prag 1822

Minucci, G./Sardi F. (Hrsg.): I Templari. Mito e storia. Sinalunga 1989

Miret y Sans, Joaquím (Hrsg.): Les cases de Templers y Hospitalers en Catalunya. Barcelona 1910

Mistele, Karl-Heinz: Zur Geschichte des Templerordens in Süddeutschland. In: Mitteilungen für die Archivpflege in Bayern. Sonderheft 5, 1967, S. 18-24

Miquel, Jacques: Cités templières du Larzac. 1989 Éd. Du Beffroi

Moldenhauer: Prozeß gegen den Orden der Tempelherren. Hamburg 1792

Müller, E.: Das Konzil von Vienne 1311-1312 (=Vorreformationge-schichtliche Forschungen 12). Münster 1934

Müller, Hermann: Die Tempelritter. Hamburg 1982

Münter, F: Statutenbuch des Ordens der Tempelherrn. Berlin 1794

Neu, Heinrich: Bibliographie des Templer-Ordens 1927-1965. Bonn 1965 *Verlag Wissenschaftliches Archiv*

Neu, Heinrich: Die Templer von Niederbreisig. Versuch der Ge-schichte eines rheinischen Templerhauses. In: Rheinische Viertel-jahrsblätter. 32, 1968, S. 274-289

Neumann, Dirk: Zur Bedeutung des Templerordens in Vergangen-heit und Gegenwart. Geschichte-Facharbeit. Viersen 2001

Neundlinger, Ferdinand/Müksch, Manfred: Die Templer in Öster-reich. Innsbruck 2001

Nicholson, Helen: Saints or Sinners? The Knights Templar in Medi-eval Europe. In: History Today. 44:12, 1994, S. 30-36

Nicholson, Helen: Steamy Syrian Scandals: Matthew Paris on the Templars and Hospitallers. In: Medieval History. 2:2, 1992, S. 68-85

Nicholson, Helen: Templar Attitudes Towards Women. In: Medieval History. 1:3, 1991, 74-80

Nicholson, Helen: The Knights Templar. A New History. Stroud 2001

Nicholson, Helen: The Military Orders and their Relations with Women. In: Zsolt Hunyadi/József Laszlovszky: The Crusaders and the Military Orders expanding the Frontiers of medieval latin Christianity. Budapest 2001, S. 407-414

Nicholson, Helen: Templars, Hospitallers and Teutonic Knights: Images of the Military Orders 1128-1291. London 1993

Nikolai, von: Versuch über die Beschuldigungen, welche dem Tempelherren-Orden gemacht worden. Berlin 1782

Österreicher, Paul: Über die vorgebliche Ansiedlung der Tempelherren in Bamberg und Würzburg. In: Die geöffneten Archive für die Geschichte des Königreichs Bayern. 1821/22, S. 90-94, S. 283-285

Ollivier, Albert: Les Templiers. 1958, 1970 *Le Seuil*

Oslo, Allan: Die Geheimlehre der Tempelritter. Geschichte und Legende. Düsseldorf 1999

Oursel, Raymond: Le Procès des templiers. Paris 1955 *Denoel*

Parker, Thomas William: The Knights Templars in England. Tucson 1963

Partner, Peter: The Knights Templar and Their Myth. Rochester 1990 *Destiny Books*

Pasleau, Pierre-P.: Des Templiers aux franc-macons, la filiation spirituellle. 1988 *Trédaniel*

Patek, Ferenc: A magyarországi templárius rendtartomány felbomlása. [La dissolution de la Province de Hongrie des Templiers.] Budapest 1912

Pelzel: Beiträge zur Geschichte der Tempelherren in Böhmen und Mähren. (= 3. Bd. der neuen Abhandlungen der königlich-böhmischen Gesellschaft der Wissenschaft.) Prag 1798

Perkins, C.: The Trial of the Knights Templars in England. In: The English Historical Review. 24, 1909, S. 432f

Perkins, C.: The Knights Templars in the British Isles. In: The English Historical Review. 25, 1910, S. 209f

Pernoud, Régine: Les Templiers. Paris 1974, 1983 *PUF*

Pernoud, Régine: Les Templiers Chevaliers du Christ. Paris 1995 *Gallimard*

Pesty, Frigyes: A templáriusok Magyarországon. [The Templars in Hungary.] Budapest 1861

Picar, Michel: Les Templiers. Paris 1985 *M.A. Editions*

Piquet, Jules: Des banquiers au moyen âge: Les templiers. Paris 1939

Piquet, Jules: Les Templiers, études de leurs opérations financières. Paris 1939 *Hachette*

Popp, Theodor David von: Urkunden, den vormaligen Templerhof zu Moosbrunn betreffend. In: Archiv des Historischen Vereines von Unterfranken und Aschaffenburg. 12, 2-3, 1853, S. 243-248

Pringle, R. Denys: Templar castles between Jaffa and Jerusalem. In: Nicholson, Helen: The Military Orders. Bd. 2 Welfare and Warfare. Aldershot 1998, S. 89-109

Pringle, R. Denys: Templar castles on the road to Jordan. In: Barber, Malcolm: The Military Orders: Fighting for the Faith and Caring for the Sick. Aldershot 1994, S. 148-166

Prutz, Hans: Die Autonomie des Templerordens. In: Sitzungsberichte der philos.-philolog. und der hist. Klasse der Klg. Bayer. Akad. der Wiss. zu München. 1905, S. 95-181

Prutz, Hans: Entwicklung und Untergang des Tempelherrenordens. Berlin 1888

Prutz, Hans: Geheimlehre und Geheimstatuten des Templerordens. Berlin 1879 Nachdruck 1979

Quix, Christian: Haben die Tempelherren eine Commende oder doch eine Besitzung in der Stadt Aachen gehabt? In: Quix, Christian: Beiträge zur Geschichte der Stadt Aachen und ihrer Umgebungen. Aus dem 'Aachener Wochenblatt' besonders abgedruckt. II, 1838, S.121-129

Quix, Christian: War in Aachen eine Tempelherren-Kommende? In: Quix, Christian: Geschichte des Karmeliten-Klosters, der Gelehrtenschulen in Aachen vor Einführung des Jesuiten-Gymnasiums, der vormaligen Herrschaft Eilendorf... . Aachen 1835, S. 82-85

Raynouard: Monuments historiques relatifs à la condamnation des chevaliers du Temple. Paris 1813

Regnier, L.: La chapelle de la Commanderie de Chanu. Evreux 1899

Reju, Daniel: La Quête des templiers et l'Orient. 1979 Le Rocher

Reuß, Friedrich Anton: Über einen vormaligen Templerhof zu

Würzburg. In: Archiv des Historischen Vereines von Unterfranken und Aschaffenburg. 12.2-3, 1853, S. 236-246

Reznikov, R. u. N.: Les Templiers. 1990 *Au Coin du temps*

Reznikov, Raimonde: Cathares et templiers. 1991 *Loubatières*

Riley-Smith, Jonathan: The Templars and the Castle of Tortosa in Syria. An Unknown Document concerning the Acquisition of the Fortress. In: English Historical Review. 84, 1969, S. 278-288

Riley-Smith, Jonathan: The Templars and the Teutonic Knights in Cilician Armenia. In: Thomas S. R. Boase: The Cilician Kingdom of Armenia. Edinburgh 1978, S. 92-117

Ripert, Pierre: L'Epopée templière. Paris 2001

Ritoók, Pál: The Architecture of the Knights Templars in England. In: Barber, Malcolm: The Military Orders: Fighting for the Faith and Caring for the Sick. Aldershot 1994, S. 167-178

Rivière, Patrick: Les Templiers et leurs mystères. Paris 1992 *De Vecchi*

Robinson, John J.: Dungeon, Fire, and Sword: The Knights Templar in the Crusades. New York 1991

Roth, Hermann Josef/Großmann, Anton: Bernhard von Clairvaus an die Tempelritter, die Speerspitze der Kreuzzüge. Sinzig 1990

Saint-Hilaire, Paul de: Liège et Meuse mystérieux II: les templiers. 1982 *Rossel*

Saint-Hilaire, Paul de: Les Sceaux templiers et leurs symboles. Puiseaux 1991 *Pardès*

Sans y Travé, Josep Maria: El procés dels Templers catalans. Lleida 1990

Sartorius, Otto: Pfälzische Niederlassungen des Templerordens (Neustadt, Mußbach, Kirchheim a.d. Weinstrasse). In: Pfälzer Heimat. 8, 1957, S. 63f

Saulcy, de: Notice sur l'oratoire des Templiers de Metz. In: Mémoires de l'Académie Royale de Metz. 16, 1834-1835, S. 436-445

Sawall, Edmund: Der Tempelritterorden in Deutschland. Versuch einer Bestandsaufnahme. In: Non nobis. 38, 2000, S. 14-19

Sawall, Edmund: Historische Templerstätten über 750 Jahre im Oderbruch. In: Non nobis. 25, 1992, S. 30-32

Sawall, Edmund: Templerkommende Mücheln/Wettin. In: Non nobis, 13, 1999

Schäfer, H.-W.: Der Templerorden und seine Bedeutung im ‚Parzival' Wolframs und im ‚Jüngeren Titurel'. In: Akten des VIII. Internationalen Germanisten-Kongresses XI. Tübingen 1992, S. 58-66

Schafer, J.: Tempelgüter. In: Heimatkalender für den Kreis Neuwied 1960. S. 70-74

Schein, Sylvia: The Templars: the Regular Army of the Holy Land and the Spearhead of the Army of Its Reconquest. In: Giovanni Minnucci/Franca Sardi: I Templari. Mito e storia. Atti des Convegno internazionale di studi alla Magione Templare di Poggibonsi-Siena, 29-31 maggio 1987. Siena 1989, S. 15-26

Schickl, Peter: Die Entstehung und Entwicklung des Templerordens in Katalonien und Aragon. In: Spanische Forschungen der Görres-Gesellschaft. Gesammelte Aufsätze zur Kuluturgeschichte Spaniens. 28, 1975, S. 91-228

Schleising, K.: Templer und Johanniter in der Gegend von Meseritz. In: Grenzmärkische Heimatblätter. 18, 1942, S. 44

Schnürer, Gustav: Die ursprüngliche Templerregel. Studien und Darstellungen aus dem Gebiete der Geschichte. Bd. 3, 2. Teil Freiburg im Breisgau 1903

Schnürer, Gustav: Zur ersten Organisation der Templer. In: Historisches Jahrbuch. 32, 1911, S. 298-316, S. 511-546

Schottmüller, Konrad: Der Untergang des Templerordens mit urkundlichen und kritischen Beiträgen. 2 Bde. Berlin 1887, Nachdruck Wiesbaden, New York 1970 und Vaduz 1991

Schüpferling, Michael: Der Tempelherren-Orden in Deutschland. Ph.D.diss. Freiburg im Üchtland. Bamberg 1915

Schultze, Johannes: Das Alter des Tempelhofs: Nachweise und Argumente. In: Der Bär von Berlin. Jahrbuch des Verein für die Geschichte Berlins. 4, 1954, S. 89-99

Schwarz, E.: Die Templer in der Mark Brandenburg. In: Monatsblätter des Touristenklub für die Mark Brandenburg. Berlin 1902, S. 37-40

Sclafert, Cl.: Lettre inédite de Hugues de Saint-Victor aux chevaliers du Temple. In: Revue d'Ascétique et de Mystique. 35, 1958, S. 275-299

Sède, Gérard de: Die Templer sind unter uns. Berlin 1963

Sède, Gérard de: Les Templiers sont parmi nous ou l'énigme de Gisors. 1980 *Jean de Bonnot*

Sède, Gérard de: Les Templiers sont parmi nous. Paris 1962 *René Julliard*

Seiler, J.: Die Aufhebung des Templerordens (1307-1314) nach neueren Untersuchungen. In: Zeitschrift für Kirchengeschichte. 109, 1998, S. 19-31

Serbanesco, Gérard: Histoire de l'ordre des Templiers. 2 Bde. Paris 1965

Serbanesco, Serge: Histoire de l'ordre des templiers et des croisades. 2 Bde. Paris 1969 *Byblos*

Servin, Henri: L'Énigme des templiers et le Saint-Suaire. 1988 *Éd. J.-M. Collet*

Sinclair, K.V.: The Translations of the Vitas patrum, Thais, Antichrist, and Vision de saint Paul Made for Anglo-Norman Templars. In: Speculum 72, 1997, S. 741-762

Sippel, Hartwig: Die Templer. Geschichte und Geheimnis. Wien, München 1996

Spunda, Franz: Baphomet, der geheime Gott der Templer. Schwarzenburg 1980

Staehle, Ernst: Johanniter und Templer. Geschichte, Geheimnisse und Gegenwart. Gnas 1998

Starnawska, Maria: Military Orders and the Beginning of Crusades in Prussia. In: Zsolt Hunyadi/József Laszlovszky: The Crusaders and the Military Orders expanding the Frontiers of medieval latin Christianity. Budapest 2001, S. 417-428

Starnawska, Maria: Notizie sulla composizione e sulla struttura dell' ordine de Tempio in Polonia. In: Minnucci, Giovanni/Sardi, Francesco: I Templari: Mito e storia. Singalunga, Siena 1989, S. 143-151

Steinhausen, Josef: Tempelherren und Siebenschläfer in der Eifel. Sage und Legende bei römischen Siedlungen auf dem Lande. In: Festgabe für Geheimrat Prof. Dr. Peter Meyer. Münstereifel 1933, S. 41-54

Stenzel, Gustav Adolf Harald: Tempelherren in Schlesien. In: Übersicht der Arbeiten und Veränderungen der schlesischen Gesellschaft für vaterländische Kultur im Jahre 1837. Breslau 1838, S. 121-125

Stossek, Balazs: Maisons et possessions des Templiers en Hongrie. In: Zsolt Hunyadi/Józse Laszlovszky: The Crusaders and the Military Orders expanding the Frontiers of medieval latin Christianity. Budapest 2001, S. 245-251

Stradonitz, Stephan Kekule von: Über die frühesten Siegel des Ordens der Tempelherren. In: Der Deutsche Herold. 58, 1928, S. 108

Strayer, J.R.: The Reign of Philipp the Fair. Priceton 1980

Terhart, Franjo: Der Schatz der Tempelritter. Verborgenen Reichtümern auf der Spur. Bergisch Gladbach 2002

Terhart, Franjo: Die Wächter des Heiligen Gral. Das verborgene Wissen der Tempelritter. Bergisch Gladbach 2002

Terhart, Franjo: Tempelritter. Kreuzlingen, München 2003

Tommasi, Francesco: I Templari e il culto delle reliquie. In: I Templari: mito e storia. Atti del Convegno internationale di studi alla Maggione templare di Poggibonsi-Siena, 29-31 Maggio 1987. Sinalunga/Siena 1989, S. 191-210

Tommasi, Francesco: Per i rapporti fra Templari e Cisterciensi. In: I Templari. Una vita tra riti cavallereschi e fedeltà alla Chiesa. Atti del I. Convegno 'I Templari e San Bernardo di Chiaravallle'. Certosa di Firenze, 23-24 ottobre 1992. Florenz 1992, S. 227-274

Tommasi, Francesco: Uomini e donne negli militari de Terrasanta: Per il problema delle case doppie e miste negli ordini giovannita, templare e teutonico (secc. XII-XIV). In: Elm, Kaspar/Parisse, Michel: Doppelkloster und andere Formen der symbiose männlicher und weiblicher Religiosen im Mittelalter. (=Berliner historische Studien, 18). Berlin 1992, S. 177-202

Tougard, Abbé: Quelques notes sur la chapelle de la commanderie de Sainte-Vaubourg. Rouen 1873

Trillaud, Jacques: La Chevalerie de l'ordre du Temple en Bourgogne. 1991 Les Èdition du Bien Public

Trudon-des-Ormes, A.: Etude sur les possessions de l'ordre du Temple en Picardie. Amiens 1893

Tuckett, J.E.S.: Dr. Begemann and the Alleged Templar Chapter at Edinburgh in 1745. In: Ars quatuor coronatorum. 32, 1919, S. 5f

Upton-Ward, Judith Mary: A New Edition of the Latin and French Rule of the Temple. In: Nicholson, Helen: The Military Orders: Welfare and Warfare. Alsdershot 1998, S. 207-224

Upton-Ward, Judith Mary: The Rule of the Templars: The French Text of the Rule of the Order of Knights Templar. (Studies in the History of Medieval Religion 4). Rochester 1992

Upton-Ward, Judith Mary: The Rule of the Templars. The Boydell Press. Woodbridge 1998

Upton-Ward, Judith Mary: The surrender of Gaston and the rule of the Templars. In: Nicholson, Helen: The Military Orders: Fighting for the Faith and Caring for the Sick. Aldershot 1994, S. 179-188

Valous, Guy de: Quelques observations sur la toute primitive observance des Templiers et la Regula pauperum commilitonum Christi Templi Salomonis. In: Mélanges Saint-Bernard. XXIVᵉ Congrès de l'Association Bourgignonne des Sociétés Savantes, Dijon 1953. S. 32-40

Veltmann, Willem F.: Tempel und Gral. Die Mysterien des Templerordens und des Heiligen Gral. Die Bedeutung dieser Impulse für die Gegenwart. Frankfurt a.M. 1993

Volfing, Gerhard: Auf den Spuren der Templer in Österreich. Gnas 2001

Voltz, Eugene: La chapelle des Templiers de Metz. In: Archéologia. 56, 1973, S.24-31

Wehrmann, Martin: Der Templerorden in Pommern. In: Monatsblätter, hrsg. von der Gesellschaft für Pommersche Geschichte u. Altertumskunde. Stettin, 10, 1896, S. 40-44, S. 49-52

Widmer: Über die Verbreitung und den Untergang des Templerordens in Deutschland und Österreich. In: 36. Jahresbericht der k.k. II.
deutschen Staats-Realschule in Prag-Kleinseite. Prag 1909

Wilcke, Ferdinand: Geschichte des Ordens der Tempelherren.
Nebst Berichte über seine Beziehungen zu den Freimaurern und
den neueren Pariser Templern. Leipzig 1835, 3 Bde (1. Ausgabe),
Halle 1860, 2 Bde (2. Ausgabe)

Wildermann, Ansgar Konrad: Die Beurteilung des Templerprozes-
ses bis zum 17. Jahrhundert (=Scrinium Friburgense, Veröffentlichungen des Mediaevistischen Instituts der Universität Freiburg 3).
Freiburg 1971

Willis, P./Lea-Jones, J.: The Legacy of the Knights Templars and the
Hospitaller (The Order of St. John) in Bristol. In: Temple Local History Group Newsletter. Bd. III 1987, S. 15f

Winter, Heinrich: Das Templerhaus in Amorbach. In: Deutsche
Kunst und Denkmalpflege. München 1957, S. 88-101

Wood, H.: The Templars in Ireland. In: Proceeding of the Royal Irish
Academy. 26, 1906/1907, S. 327f

Ziegler, Gilette: Les Templiers ou la chevalerie spirituelle. 1973
Culture-Arts-Loisirs

Zuidema: Zur Geschichte des Templerordens in Lothringen. In:
Jahrbuch der Gesellschaft für lothringische Geschichte und Altertumskunde. 3, 1891

Die templerische Mission während der Entdeckungen

(Unbekannter Verfasser)

Übersetzung aus dem Portugiesischen von Catarina Isabel da Silva Marques und Oscar Miguel Oliveira Santos

Diese Thematik braucht eine kleine Anmerkung als Einführung. Wir leben heute in einer Epoche der Extreme. So ist es ganz normal, Spezialisten zu finden, die grundlegende und profunde Kenntnisse in einem bestimmten Gebiet haben, aber dafür erschreckend wenig über andere Bereiche wissen. Daher ist es möglich, dass bestimmte tiefgründige Schlussfolgerungen nicht erschlossen werden, da niemand daran gedacht hat, Studien bzw. Nachforschungen zu vergleichen. Oft ist es der Faktor ZEIT, der uns den Weg erschwert. Wir sind so sehr daran gewöhnt, uns die Zeit als eine gerade Linie vorzustellen, dass es schwerfällt zu glauben, dass zwischen Fakten, die in verschiedenen Epochen geschehen sind, eine Beziehung besteht. Wenn wir aber die Geschehnisse, die Verhaltensweisen oder gar die Symbole vergleichen, die von Schlüsselfiguren der Evolution der Menschheit benutzt worden sind, erkennen wir sehr schnell, dass es etwas gibt, das sie verbindet, als ob es sich um Mitglieder der selben Mannschaft handeln würde. Es ist wie bei einem Team, welches nur die Spieler wechselt, aber das Ziel beibehält.

Um uns der historischen Wahrheit zu nähern, ist es unabdingbar, sowohl die Motive zu verstehen, die den Willen unserer Vorfahren bestimmt haben, als auch deren Gegner. Ohne Zweifel wird die Geschichte immer von der Siegerseite geschrieben, und natürlich immer in einer Version, die für die Sieger von Vorteil ist. Wenn wir uns das nicht vor Augen halten, werden wir nie verstehen, dass die historische Realität nicht ganz die ist, die in den Büchern steht bzw. die uns vorgestellt wird. Die Entschuldigung der zeitlichen Entfernung, die in gewisser Weise tiefgründige Untersuchungen unmöglich macht, hat es zugelassen, dass bestimmte Interpretationen der Geschichte unantastbar geworden sind, weil sie mittlerweile dem Allgemeinwissen angehören, auch wenn einem aufmerksamen Beobachter starke Zweifel an ihrer Richtigkeit aufkommen. Die folgenden Auslegungen sind das Ergebnis jahrzehntelanger Nachforschungen, die mit Reisen nach Afrika und dem mittleren Orient verbunden sind. Reisen, die für die Suche nach Beweisen, Gründen und neuen Fährten unentbehrlich waren, denn gerade diese Reisen haben den Zugang zu neuen Schlussfolgerungen, die sich von den allgemein verbreiteten sogar sehr unterscheiden, ermöglicht. Hier wird niemand gebeten seine Überzeugungen zu diesem Thema abzulegen. Man hat nicht beabsichtigt, dieses Werk als völlig neue Theorie oder gar als besser gefestigt zu sehen, als die vorigen Werke.

Was man sehr wohl beabsichtigt, ist dem Leser den Zugang zu einer neuen Sichtweise bezüglich der portugiesischen Geschichte zu ermöglichen, so dass er seine neuen Erkenntnissen mit anderen teilen kann. Und diese wiederum können die neuen Kenntnisse mit ihrem eigenen Wissen vergleichen und sich ganz individuell eine eigene Meinung bilden. Um das Verständnis der hier aufgelisteten Elemente zu ermöglichen, müssen wir uns von der einschränkenden Vision – der Distanzierung der verschiedenen Epochen durch den Faktor Zeit – befreien. Wenn wir das verstehen, was schon Einstein festgestellt hat – dass Zeit keine gerade Linie ist – können wir leichter in eine Dimension eintauchen, die es uns ermöglicht, schnell Zugang zu irgendeinem Datum zu verschaffen. Und somit haben wir auch die Möglichkeit, Vergleiche zwischen Personen und deren Taten zu ziehen.

Rolle der Templer in der Formierung und Expansion Portugals

Allein diese Überschrift führt uns gleichzeitig in zwei verschiedene Epochen. Wenn wir die Existenz des Tempelordens zwischen dem 12. und dem 14. Jahrhundert datieren und wenn wir diese mit der Epoche der Entdeckungen vergleichen, die bloß ein Jahrhundert später begann, lässt sich ein Abstand zwischen Generationen feststellen. Dieser Abstand war es, der Geschichtsforscher davon abhielt, Vergleiche zu ziehen, da bestimmte Parallelen, die man gesehen hat, als bloße Zufälle abgestempelt wurden, und insofern waren diese unwichtig für die Forschung.

Diejenigen Forscher, die sich nur auf eine bestimmte Epoche spezialisiert haben, bemerken diese Tatsache nicht. Aber die, die sich nicht nur auf eine Epoche spezialisiert haben, sondern die gesamte Geschichte aller Epochen in Betracht zieht, insbesondere die Geschichte, die sich in diesem kleinen Viereck am Rande Europas abgespielt hat, finden so viele Zufälle, dass man wagt die Schlussfolgerung zu ziehen, es hätte eine Orientierung gegeben. Man kann dieses Phänomen als eine Art kollektives Bewusstsein interpretieren, die von Männern eingeführt wurde; von Generation zu Generation haben diese die Führung eines Prozesses mit tiefsinnigen Wurzeln übernommen, damit ein Volk so den Grund seiner Existenz erfüllen konnte. Die Geschichte, die von einem Volk geschrieben wird, ist die Ansammlung von Fakten, die von Millionen von individuellen Wünschen hervorgebracht wird, die in Übereinstimmung agiert haben.

In diesem Kontext haben die Kreuzritter ohne Zweifel eine tragende Rolle gespielt. Es handelt sich offiziell um einen militärisch-religiösen Orden, der im Jahre 1118 in Jerusalem, in der Nähe des Salomon-Tempels (der große Weise der Hebräischen Monarchen) ins Leben gerufen wurde. Nachdem die Kreuzritter Jerusalem einnahmen, haben sie die Stadt langsam aber sicher für sich erobert. Um diese Eroberung zu verteidigen, bildete man viele militärisch-religiöse Orden, die sowohl für die gesamte Christenheit als auch für den Schutz christlicher Pilger von enormer Bedeutung waren. Die Gruppe der Kreuzritter war anfänglich nicht sehr zahlreich. Die Anzahl der Ritter nahm erst zu, als der christliche König Jerusalems, Balduin II, im Jahre 1127 dem Abt von Claraval (Hl. Bernhard) schrieb, er solle die Regeln dieses Ordens festsetzen. Zunächst nannten sie sich Christusritter und danach Tempelritter. Im Januar des Jahres 1128 bekam diese Miliz im Konzil von Troyes von Papst Honorius II und des Patriarchen von Jerusalem das weiße Ordenskleid und die Regeln überreicht. Die Einführung des Ordens in der iberischen Halbinsel erfolgte unmittelbar danach. Zwei Umstände haben besonders dazu beigetragen, dass sich der Orden in später portugiesisch werdende Gebiete etablierte: der Kampf gegen die Mohammedaner auf der iberischen Halbinsel, bzw. die christliche Rückeroberung der besetzten Gebiete und die geographische Nähe zum heiligen Land, welche die Aussendung der christlichen Krieger zur Befreiung des hl. Grabes erheblich erleichterte.

Das große politische Genie des 2. Jahrhunderts war ohne Zweifel der hl. Bernhard. Das Aufblühen eines christlichen Europas so wie wir es heute kennen, ist diesem großen Denker zu verdanken, der alles daran gesetzt hat, diese Gebiete von der Gefahr des Islams zu befreien.

Im 7. Jahrhundert tauchte Mohammed auf, einer von vielen Propheten des nahen Ostens. Auch Mohammed glaubte an die Existenz eines einzigen Gottes (so wie zuvor schon die Hebräer und die Christen) und verabscheute ebenfalls alles, was mit dem heidnischen Kult zu tun hatte. Mit einem Schwert in der Hand und sich als Prophet Allahs bekennend, kämpfte er um die Befreiung des Heidentums. Als Mohammed 622 n. Ch. von Mekka nach Medina ging, sollte dies ein prägender Einschnitt in der Geschichte werden.

Aufgrund des heiligen Buches, dem Koran, schloss sich nicht nur der mittlere Orient und Teile Nordafrikas dem Islam an, sondern auch nordische Länder, die durch die Eroberung der iberischen Halbinsel im Jahre 711 ebenfalls überfallen wurden.

Die Gefahr eines untergehenden Christentums stand nahe bevor. Die islamische Invasion konnte zwar in den Kämpfen bei Tours und Poitiers eingedämmt werden, dennoch fürchtete man immer noch arabische Angriffe auf christliche Länder, die jederzeit sowohl vom Okzident als auch vom Orient aus erfolgen konnten. Der hl. Bernhard beschloss, die Mohammedaner von drei Fronten aus anzugreifen. Er hat den Teutonischen Orden 1143 ins Leben gerufen (ORDO SANCTAE MARIAE TEUTONICARUM), damit dieser den Christentum im Orient verbreite. Somit bildete er eine Barriere gegen alle Gefahren, die aus Asien und dem Nahen Osten kamen.

Der hl. Bernhard trug ebenfalls zur Bildung des Templerordens bei. Dieser sollte die Küste der iberischen Halbinsel von den Arabern befreien und auch den christlichen Pilgern dabei behilflich sein, über die Straße von Gibraltar ins Mittelmeer zu gelangen. Durch die Gründung dieser beiden militärisch-religiösen Orden gelang es ihm, die Mohammedaner an beiden Flanken (im Osten und im Westen) zu bremsen und zu besiegen. Hätten die Araber es damals geschafft, die Flanken zu vereinen, wäre die christliche Welt zugrunde gegangen. Im Zuge dieses „Krieges" sind neue Länder entstanden: Portugal im Westen, die Baltischen Gebiete und Preußen im Osten.

Der Grund, weshalb Jerusalem als Stadt ausgesucht wurde, war nicht die Befreiung des heiligen Grabes; schon ein Jahrhundert nach Christus wusste niemand mehr, wo es sich befand. Man erfand einen Ort, den niemand anzuzweifeln wagte, und den man den Pilgern zeigen konnte. Was den hl. Bernhard dazu bewegte, seine Ritter in die heiligen Kreuzzüge zu senden, hatte strategische Gründe: Er wollte den Islam mitten im Herzen treffen und die

Mohammedaner zwingen, in ihr eigenes Territorium zurückzukehren (da diese sich ja in Europa aufhielten), um es vor den Christen zu verteidigen. Diese Orte waren und sind noch sehr wichtig: Mekka, Medina und Jerusalem. Mekka und Medina befinden sich auf der arabischen Halbinsel. Diese Orte kann man über das rote Meer erreichen (dazu müsste man Afrika umschiffen, ein zu der Zeit aber noch unbekannter Seeweg). Eine andere Art und Weise diese Städte zu erreichen, wäre den Berg Sinai zu überqueren. Allerdings bliebe in diesem Fall ein Überraschungsangriff der Christen aus. Demzufolge suchte sich der heilige Bernhard Jerusalem als Schauplatz für die Kämpfe gegen den Islam aus. Durch die günstige geographische Lage – Jerusalem ist über das Mittelmeer leicht zu erreichen – versprach man sich daraus, Überraschungsangriffe gegen die Araber tätigen zu können.

Portugal entstand also nicht nur Dank der Tatkraft des Sohnes von Herzog Don Heinrich, dem Burgunder, der die Gebiete der westlichen Küste eroberte. Die Bemühungen von Don Afonso Henrique, der erste König Portugals, und die Eroberung Lissabons könnten vergebens gewesen oder erst gar nicht in die Geschichte eingegangen sein, wenn nicht gerade zur selben Zeit der heilige Bernhard die Kreuzritter-Orden gegründet hätte um gegen die Araber anzukämpfen.

Wir wissen, dass die Tempelritter bereits 1126 in Lusitanien waren. Als Dank für ihre Anwesenheit und ihren Schutz überreichte Dona Teresa, Mutter von Don Afonso Henrique, die Ländereien Fonte Arcada. Dona Teresa schenkte ihnen ebenfalls die Burg Soure. Der Überfall der Araber auf diese Festung – eine Vorhut der Christen in Coimbra – im Jahre 1144, war der Beginn des Krieges der Kreuzritter, die diese Festung bereits erneuert hatten. Eine alte Ritterweisheit besagt: „DER TOD IST SCHÖNER ALS DAS LEBEN, DAS MIT FEIGHEIT ERKAUFT WURDE". Unter genau diesem Motto leben auch noch die Azorianer, die in ihrem Wappen den berühmten Satz des Cipriao de Figueiredo einnähten, der sich gegen die spanische Herrschaft auf den Azoren wehrte und es vorzog, für den letzten Monarchen der Dynastie de Aviz, Don Antonio Prior de Castro, sein Leben zu opfern: „LIEBER ALS FREIER MENSCH STERBEN, ALS UNTERWORFEN IN FRIEDEN LEBEN". Ist das reine Zufallsüberzeugung oder erkennt man hier letzte Anzeichen des Kreuzrittertums?

Diese nordischen Ritter und die feurigen Lusitaner haben dermaßen zur Eroberung Lissabons, Santarems, Silves und vieler anderer Städte beigetragen, dass es nicht übertrieben ist zu behaupten, dass Portugal durch die Hilfe dieses militärisch-religiösen Ordens erst überhaupt entstehen konnte. Der einzige ausländische Ritter, der noch heute aufgrund der Eroberung Lissabons verehrt wird, ist Ritter Heinrich aus Bonn. Der portugiesische Poet Camoes erwähnt ihn und das Wunder der Palme, die auf seinem Grab gepflanzt wurde. In der päpstlichen Bulle der Kirche Sao Vicente de Fora, steht, dass diese Kirche auf den Gebeinen der germanischen Ritter errichtet wurde, die während der Eroberung der Stadt Lissabon gefallen sind.

Portugal ist ein „Templerland" und als solches hat es den Grund seiner Existenz erfüllt, die darin bestand den christlichen Schiffen Zugang zum Mittelmeer zu gewähren. Aber was hat das mit der Ära der Entdeckungen zu tun? Um diese Frage zu beantworten, müssen wir zunächst herausfinden, wer für die portugiesischen Entdeckungsfahrten verantwortlich war. Alle großen Geschichtsforscher der Navigation der christlichen Ära sind einstimmig der Meinung, dass man auf internationaler Ebene sehr viel den Seefahrern, die von portugiesischen Häfen ablegten, zu verdanken hat. Andere Nationen eigneten sich durch die Entdeckungen portugiesischer Seefahrer neue Ansichten an und durch sie lernte man auch die Kunst des Segelns. Je mehr man über heroische Seefahrer anderer

Nationen in Erfahrung bringt, desto mehr bestätigt sich, dass ein großer Anteil portugiesischen Wissens dahinter steckte.

Aber wer ist nun für diese gigantische universelle Aufgabe verantwortlich gewesen? Wer steckte dahinter? Es wäre viel zu einfach, die Lorbeeren allein dem großen Don Infante Henrique zuteil werden zu lassen. Auch er war nur ein Ritter unter vielen in einer langen Kette. Er ist jedoch hervorgetreten, weil er in einer Epoche lebte in der vieles möglich war. Er schaffte es immer wieder, diese Möglichkeiten zu nutzen und in die Tat umzusetzen. Wir lesen oft, dass Don Afonso Henrique erster Offizier des Christusordens war, dass er ihnen viel Geld zukommen ließ und diese ihm in seiner Idee beisteuern sollten, die Welt zu entdecken. Diese Version entsprich allerdings nicht der Wahrheit. Er war weder erster Offizier des Ordens noch war es seine Idee, die Welt zu entdecken. Er war für das Finanzwesen des Ordens verantwortlich. Diese Tatsache gewährte ihm einen angesehenen Rang und gewisse finanzielle Freiheiten. Dennoch reichte diese Quelle nicht aus, um alle Aufgaben zu lösen. Der Infante benutzte also auch eigene Mittel und bemühte sich Portugal auf den zweiten Grund seiner Existenz vorzubereiten: die Ausbreitung des christlichen Glaubens auf dem gesamten Planeten.

Für die dekadenten Wesen unseres Jahrhunderts, die alle und alles nur noch materiell bewerten und Gott durch den Dollar ersetzt haben, ist die Mentalität der templerischen Baumeister natürlich schwer nachzuvollziehen, jene Architekten, die die Pläne für die Errichtung der grandiosen gotischen Kathedralen entworfen haben, welche ein halbes Millennium und mehr bis zur Fertigstellung brauchten.

Wer baut denn heute noch für die Ewigkeit? Alles, was um uns herum gebaut und erschaffen wird, ist Teil der allgemeinen Kurzsichtigkeit unserer Generation. Bauten aus Zement und Beton halten noch nicht einmal mehr ein Jahrhundert. Unsere Enkel müssen all das, was wir heute aufbauen, wieder niederreißen und neu errichten. Aus unserem Jahrhundert wird nur noch Plastik übrigbleiben. Die mittelalterlichen Baumeister planten langfristig, denn sie wussten genau, dass weder sie noch ihre Kinder oder Enkel an der Einweihung der Bauwerke teilnehmen würden. Aber dies entmutigte sie nicht. Die Stadt Ulm beispielsweise begann den Bau einer Kathedrale, deren Turm 200 Meter gen Himmel zeigte. Dieses gewaltige Gotteshaus benötigte 700 Jahre bis zur Fertigstellung und es steht noch heute! Gegenwärtig werden weltweit die ersten Wolkenkratzer niedergerissen, die nach dem 2. Weltkrieg erbaut worden sind. Die Konstruktionen der gotischen Kathedralen und Burgen der selben Epoche sahen keine Lohnzahlungen der Arbeitskräfte vor. Die Einwohner der Stadt boten ihre Hilfe freiwillig an, um diese gewaltige Arbeit gemeinsam zu bewältigen.

Der Christus Orden verkörperte, im Zusammenhang mit der Expansion der portugiesischen Seefahrt, nicht nur den gotischen Gedanken. Ebenso die drei anderen religiös-militärischen Orden. Da gab es den SANTIAGO-Orden, gegründet im Königreich Leon im XII Jahrhundert mit Sitz im Santos-Konvent in Lissabon. Diese Festung bot sich während der Wiedereroberung Mertolas geradezu als Hauptsitz des SANTIAGO-Ordens an. Später jedoch wurde der Hauptsitz nach Palmela verlegt. Es war D. Dinis, der 1290 eine päpstliche Bulle erwirkte, in welcher die Trennung bzw. Unabhängigkeit des portugiesischen Ordensteils vom kastillischen Teil des Ordens bestätigt wurde. Einer seiner führenden Großmeister war D. Joao, auch der perfekte Prinz genannt, welcher später portugiesischer König wurde. Viele der großen Seefahrer waren Ritter dieses Ordens.

Ein weiterer Orden war der AVIZ-Orden, gegründet 1147 von Heinrich dem Seefahrer (Don Afonso Henriques) mit Sitz in Coimbra, welcher später nach Evora verlegt wurde. Don Dinis verhalf auch diesem Orden zur Unabhängigkeit. Führender Meister war auch hier

Don Joao, Gründer der Aviz-Dynastie, der mit Abstand wichtigsten Dynastie. Diejenige die das Kreuz Christi in die entlegensten Winkel der Erde brachte.

Schließlich gab es noch den CHRISTUS-Orden. Dieser Orden entstand aus einem meisterhaften politischen Schachzug heraus, gelenkt von Don Dinis. Der TEMPEL-Orden war der am zügigsten wachsende Orden unter den religiös-militärischen Orden, welche gegründet wurden um die Pilger auf ihrem Weg ins heilige Land zu protegieren.

Obwohl der Verzicht von materiellen Gütern für die Ordensmitglieder verlangt wurde, war der Umgang mit Geld sowie anderen kaufmännischen Handlungen zu Gunsten des Ordens erlaubt. So konnte der Orden im Laufe der Jahre Reichtümer in Form von Geld und Ländereien anhäufen, welche von vielen beneidet wurden. Es waren die Templer die ein gut funktionierendes Finanzwesen einführten, in einem Ausmaß das so noch nie gegeben hatte. Sie verliehen unter anderem zinslos Geld und verlangten lediglich Wechselgebühren beim Tausch von Währungen. Auch Kreditbriefe und Akkreditive gaben die Templer aus. Diese Wertpapiere erlaubten es, an einem Hafen im nördlichen Atlantik Geld zu hinterlegen, sorglos zu reisen bzw. zu segeln da man seine Truhe mit Geld ja nicht vor Seeräubern oder anderen Gefahren verteidigen musste. Anschließend konnte man sein Geld anhand des Wertbriefes, den man mit sich führte, an einem Mittelmeerhafen oder in einer Einrichtung der Templer, die es zu tausenden gab, gefahrlos wieder abheben.

Die Missgunst des französischen Königs, Philipp dem Schönen, und (in Verbindung mit) das päpstliche Unvermögen Clemens dem V – damals unter französischer Kontrolle in Avignon und mit der Angst lebend, ermordet zu werden wie sein Vorgänger – führten zu einer (Verschmelzung) Kräftebündelung des Staates mit denen der Kirche (Klerus), gerichtet gegen die geistigen Kräfte des Templer-Ordens.

Im Jahre 1307 wurden alle französischen Templer, die man finden konnte, gefangen genommen. Viele entkamen über den Templerhafen im Nordwesten des Landes, aber niemand weiß wohin. Der Papst ordnete ebenso die Auflösung der lusitanischen Sektion im Jahre 1311 an. Dieses Vorhaben wurde aber in dieser Weise von D. Dinis nicht akzeptiert und so ordnete er die Aufnahme eines Verfahrens an, um die Strafbarkeit (Schuldfrage) der Templer auf der iberischen Halbinsel prüfen zu lassen. Der Prozess fand in Salamanca statt und alle portugiesischen Templer wurden von aller Schuld (welcher Schuld??) freigesprochen.

Trotz allem ordnete der Papst an, dass der portugiesische König alle templerischen Besitzungen einem päpstlichen Repräsentanten zu übergeben hat. Dieses wurde von D. Dinis mit dem Hinweis, es handele sich um Majorats-Geschenke, verweigert. Man kam zu folgender Einigung: D. Dinis verpflichtete sich, alle Besitztümer einem neuen Orden zu übergeben, welcher eigens zu diesem Zweck gegründet werden sollte und den Namen Christus Orden erhielt. Dieser Orden wurde schließlich am 14. August 1318 gegründet und am 14. März 1319 mit der päpstlichen Bulle von Joan XXII. bestätigt. Was D. Dinis den päpstlichen Repräsentanten damals aber nicht mitteilte war, dass die ehemaligen portugiesischen Tempelritter in diesen neu gegründeten Christus Orden integriert wurden und ihnen sogar die Vila Castro Marim übergab. Der Christus-Orden ist somit der unmittelbare Nachfolge-Orden des ursprünglichen Templer-Ordens in Portugal.

*ORDO SUPREMUS MILITARIS TEMPLI
HIEROSOLYMITANI*

Trennungserklärung

In Anbetracht dessen, dass der Militärische Orden des Tempels von Jerusalem bzw. Ordo Supremus Militaris Templi Hierosolymitani 1118 im Königreich Jerusalem von neun fränkischen Rittern gegründet wurde, zehn Jahre später die von Sankt Bernhard von Claivaux geschriebene Regel übernommen wurde, diese Regel vorsah, dass dieser Orden als demokratische Organisation organisiert ist, in der jeder Bruder das Recht hatte zu sprechen und Geschäfte zu einem Treffen der Brüder mitzubringen, jede beim Treffen vorgebrachte Geschäftssache in Konsens aller Anwesenden entschieden wurde, nur in militärischen und religiösen Angelegenheiten der Orden autokratisch war, um sich, die heiligen Schreine und die heiligen Grundsätze eines religiösen Ordens zu schützen, und

in Anbetracht dessen, dass der gegenwärtige Ordo Supremus Militaris Templi Hierosolymitani in den ersten Jahren des 19. Jahrhunderts organisiert wurde und sich heute an das Originalprinzip hält, nachdem alle Brüder gleich sind, alle Ordensangelegenheiten allen Brüdern zugänglich sind und Angelegenheiten innerhalb des Ordens durch eine demokratische Abstimmung entschieden werden, Mitte des 20. Jahrhunderts, während des Zweiten Weltkrieges, Ereignisse zu einer Verlegung führten – zur sicheren Aufbewahrung – bestimmter Urkunden und Funktionen des Ordens zum Großprior von Portugal, Antonio Pinto de Campello Sousa Fontes, nach Beendigung des Krieges verlangt wurde, dass diese Urkunden dem rechtmäßigen Besitzern und dem Leiter des Ordens zurückgegeben werden, die Rückgabe verweigert wurde und der Großprior von

Portugal ohne Befugnis den Titel des Prinzregenten annahm, am 30. Juni 1956 Sr. Antonio Fontes dem „Principal King of Arms" von Brasilien schrieb und sämtliche Posten innerhalb des Ordens wegen seines schlechten Gesundheitszustandes niederlegte, Antonio Fontes am 25. Februar 1965 starb und die angeblich von ihm unterzeichnete, maschinengeschriebene jedoch elf Tage nach seinem Tode notariell beglaubigte Urkunde von seinem Sohn Fernando Fontes vorgelegt wurde, in der angeblich die bereits entsagten Regentenmächte des Ordens an Fernando Fontes übertragen wurden, seit dieser Zeit Fernando Fontes die Angelegenheiten des Ordens im Geheimen von seinen Brüdern und Schwestern, den Rittern und Damen des Ordens, geführt hat,

haben die autonomen Großpriore des Ordo Supremus Militaris Templi Hierosolymitani **aus diesem Grund** nach sorgfältiger Überlegung und nach wiederholten Versuchen, anständig mit Fernando Fontes umzugehen, erklärt, dass Fernando Fontes keine Befugnisse oder Macht über irgendwelche Angelegenheiten des Ordo Supremus Militaris Templi Hierosolylitani besitzt und dass er gemäß dem uralten Befehl Auferte malum ex vobis (entferne die Bösen unter Euch) hiermit wegen der folgenden Verletzungen treuhänderischen Vertrauens und Verletzungen der sowohl uralten als auch neuen Regeln des Ordens vom Orden auszuschließen ist.

Nämlich:

1. Nichtvorlage irgendeiner Buchung für die Gelder, die ihm für die Verwaltung des Ordens und als Spenden geschickt wurden, so dass auf Informationen und Glaube hin diese Gelder und das Eigentum des Ordens im eigenen Interesse verwendet wurden. Eine solche persönliche Verwendung des Eigentums des Ordens stellt Diebstahl dar, verstößt gegen die Urregel 44, gegen die hierarchischen Statuten 85

und 91 und Busse 227, und hat zur Strafe den Ausschluss aus dem Orden.

2. Sich für die Glorifizierung seiner Person und falsche Ehre, aus Stolz und Arroganz den Titel des Großmeisters anzueignen, die Symbole des Großmeisters des Ordens als sein Wappen, einschließlich, dass Zeichen des Großmeisters anzunehmen, all dies ist Eigentum des Ordens, welches er zu seinem persönlichen Nutzen genommen hat und Diebstahl darstellt. Dies ist ein Verstoß gegen die Urregel 19 und 44, gegen die hierarchischen Statuten 85 und die Busse 227. Ein solches Nehmen von Eigentum des Ordens hat zur Strafe den Ausschluss aus dem Orden.

3. Aufgrund von Informationen und Glaube [hat er] für seinen eigenen Gewinn Mitgliedschaften und Ränge im Orden verkauft, auch als Pfründenhandel bekannt. Dies verstößt gegen das Hierarchische Statut 97 und Bussen 224, 245 und 246, was zur Strafe den Ausschluss aus dem Orden zur Folge hat.

4. Sich selbst den Titel des Großmeisters anzumaßen, einen Posten, der nur durch den freien Willen der Brüder des Ordens gewählt werden kann, und sich somit selbst über seine Brüder und Schwestern zu heben, verstößt gegen die Urregel 34 und die Hierarchischen Statuten 198 bis 221.

5. Sich weigert, auf Bitten hin Auskünfte an Großpriore zu liefern, und somit als Verstoß gegen die Urregel 43 Geheimnisse zurückzuhalten:
    a. Namen und Anschriften von Großprioren des Ordens
    b. Namen und Anschriften der Mitglieder des Magistrums des Ordens
    c. Buchführung der an ihn von den Großprioren übermittelten Gelder für die Zwecke des Ordens.

6. Sich weigert zu erlauben, dass irgendeine Aktion des Ordens durch die demokratische Abstimmung entschieden

wird, stattdessen gemäß seiner eigenen erstellten Erlasse zu agieren.

7. Neue Großpriorate in Länder zu schaffen, in denen es bereits ein Großpriorat gibt, ohne den Rat der Brüder einzuholen, verstößt gegen das hierarchische Statut 87 und schafft somit Verwirrung und Zwietracht innerhalb des Ordens.

Eigenhändig unterschrieben und mit dem Siegel des Grand Commander versehen und im Großrat am heutigen Tag, dem 29. Oktober 1999, in New Orleans, Louisiana, Vereinigte Staaten von Amerika abgehalten

RADM James J. Carey
Grand Commander